U0789343

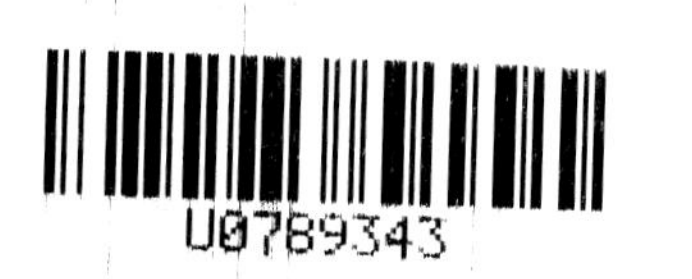

濟南金石志

卷二

歷城石

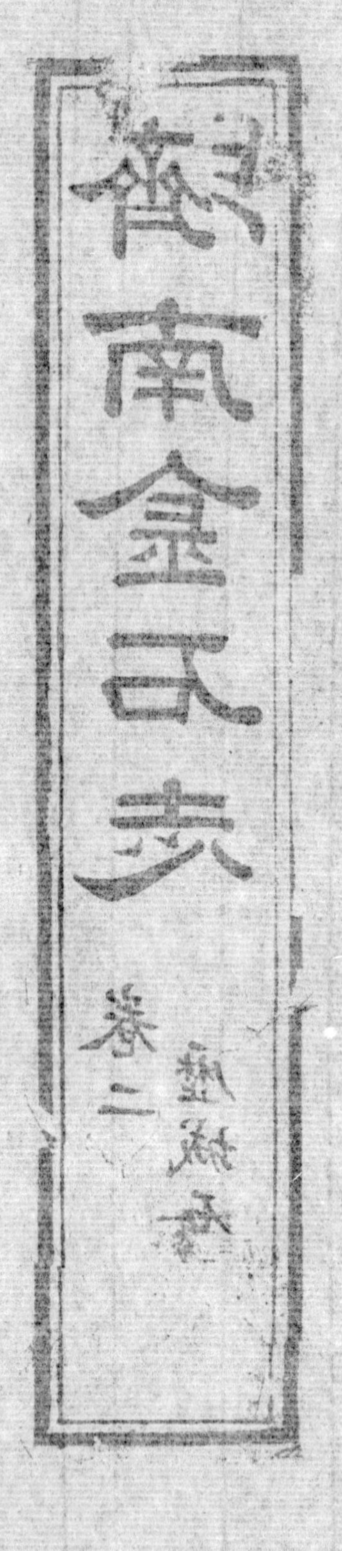

濟南金石志

卷二

歷城本

濟南金石志卷二

金石二

按山左金石志云金之爲物遷移無定皆就在山左者爲斷石之爲物罕有遷徙皆就目驗者爲斷其石刻拓本并毀者槩不入錄然所稱山左有秦石二西漢石三東漢不勝指數皆不在濟南境內而趙相之碑平陵之碣又以拓本不存見棄此統山左計之非專爲濟南言也通志所載濟南石刻自漢以來半入蓺文而樹立何處撰書何名其地其人乃志乘所最重況山崖石壁前人遊覽所不及與沈薶土中後人掘地所新得如東漢畫象北魏磨崖隋唐眞跡宋元遺刻創獲非一更不可令其湮沒無傳也茲合而觀之山左金石志所載濟南各屬自東魏迄

元石刻二百九十九種孫氏訪碑錄所載又增五十九種合三百九十四種鈔錄成帙已稱巨觀惟山左金石志無禹城訪碑錄無長山殊爲缺典今以十六屬志校之加以漢晉遺跡與新得各種并前明一代附載於後約而計之不啻倍蓰而

國朝名公巨製勒在豐碑事關建置尤不可闕而不詳故近年以來訪求捶搨眞本訂正舊志缺譌不一而足備存其目亦所以示信於將來也至於石之高廣字之分寸考古家類有成書已詳晰言之固非大義所存姑從其略而考證各條亦擇其要者存之繁者芟之其有未備俟好古之士自爲訪求焉

歷城

漢趙相劉衡碑

君諱衡字元宰濟南東平陵人也厥先佝矣聖漢龍興爰啟冀
土遷於岱陰自康侯以來奕世丕承君丁炎運孚稟發於成就
纂周行而彌長不綴師訓之范而踐四教人道所需載方淮備
協服莫不歸稱勃海王帝之冢弟不遵憲典君以特選爲郎中
令彈枉糾慝以兄瑯琊相亡郎日輕舉州察茂才除蓨令遷張
掖屬國都尉以病徵拜議郎遼東屬國都尉不行拜趙相在位
三載拜議郎連徵不就君之始仕爲吏師陟功而尉渠搜荒服
來王後還于趙敘民種德威懷並立宜錫厥福三壽作朋昊穹
不弔年五十有三以中平四年二月戊午碎其四月己酉葬梁
木圮墜閔嗣幼孤無所自律栞勒詒聲伐于後昆其辭曰
於穆我君邦家之基正君帥義求福不回言以道遠百候僉咨

含德何取歿而名譽爰勒金石千載遺芳

洪景伯隸釋云右趙相劉君碑在齊州歷城縣劉君名衡字元宰爲勃海王郎中令察茂材除蓨令歷張掖屬國都尉議郎遼東屬國都尉趙相再爲議郎以靈帝中平四年卒渤海王名悝威宗之母弟也碑以范爲範碎卽卒字栞卽刊字

趙氏金石錄云趙相劉衡墓與碑在今齊州歷城縣界中古平陵城傍余嘗親至墓下觀此碑因摸得之墓前有石獸制作甚工云

按歷城舊志云漢趙相劉衡碑在平陵城傍然則葉氏作志時猶完好如故也後爲不知者碎之分爲三歷下先輩猶有得其拓本者朱季直嘗見之今不知所在茲據洪趙諸本節

君諱衡字元宰濟南東平陵人也厥先伯益之苗實能通變政實
土遷於洛修德自康以永奕世丕承君丁[illegible]
纂周行而彌長不絶師訓之范而政四方人道[illegible]
協服莫不歸稱功濟上帝之家為不遺憲典君以[illegible]
合禪在辭遷以兄喪歸相仁自日輔舉州宗茂才除令[illegible]
拔屬國都尉以病徵拜議郎遷東萊國都尉不行拜趙相在官
三載拜議郎遷徵不就君之始任為吏師臨功而賦渠捷荒服
來王後遷于遠故民種德威懷遠方宜錫厥福三壽作朋昊天[illegible]
不弔年五十有三以中平四年二月戊午卒其四月己酉葬窆
本圯墜圖嗣幼孤無所自律乘勒詩著伐于後昆其辭曰
於穆我君孝友之基正君帥義永福不回言以道德百僚僉咨

含德何取政而名諸碑樹金石千載遺芳
洪景伯隸釋云右趙相劉君之碑在齊州歷城縣劉君名衡字元
宰為濟北王郎中令察茂材除濟陰令歷張掖屬國都尉議郎遷
東萊國都尉趙相再為議郎以靈帝中平四年卒濟北王名暉
威宗之母弟也碑以范為範卒字作卒列字
趙氏金石錄云漢趙相劉衡墓碑在今齊州歷城縣界中古平
陵城傍余嘗親至墓下觀此碑因摸得之墓前有石獸制作甚
工云
按歷城舊志云漢趙相劉衡碑在平陵城傍然則葉氏作志
時猶完好如故也後為不知者碎之分為三歷下先輩猶有
得其拓本者未幸直當見之今不知所在茲據洪道諸本簡

錄如石

漢樂安任照先碑

水經注云東平陵縣城東門外有樂安任照先碑

按歷城舊志云樂安任照先碑在平陵城今佚

漢畫像石刻

按此刻在西關外十王殿旁高一尺三寸五分廣三尺五寸五分上層線文交互中有錢十枚中層分二格一刻五人中一人微小上有成王二字隱約可辨左右各二人拱立絕似嘉祥洪福院中成王周公會公畫像一刻一車兩馬有二人坐車上又一人騎馬前導亦與武梁祠第二石所畫丞相車與門下功曹車相似其爲漢刻無疑也

漢吳子蘭碑

按此碑相傳在城南完備山吳子蘭墓旁土人掘地出之旋即掩埋今遍訪不知所在又歷城志云酉陽雜俎引皇覽商太甲陵在歷山塚旁有甘露井石鐫天生自來泉五字乃古銘也按皇覽作於魏文帝所謂古銘其來遠矣姑附於此

北魏齊州刺史韓麒麟碑

酉陽雜俎云歷城縣魏明寺有韓公碑太和中所造也魏公曾令人徧錄州界石碑言此碑辭義最美常藏一本於枕中故家人名此枕爲麒麟函韓公諱麒麟

歷城志云韓麒麟爲齊州刺史卒於官而寮屬豪家爲之立碑其製必精故魏公寶之如此然自歐陽公已不著於錄則其亡

久矣

北魏齊州刺史拓拔子華頌德碑

魏書艾陵伯萇子子華字伏榮襲爵孝莊初除齊州刺史齊人樹碑頌德後除濟州刺史尒朱兆入洛齊州人趙洛周逐刺史丹陽王蕭贊表濟南太守房士達攝行州事洛周子元顯先隨子華在濟州邀路改表請子華復爲齊州刺史

歷城志云子華官刺史其碑宜在境內故錄之又趙洛周及子元顯齊州人事不足立傳附見於此

又云舜祠東有大石廣三尺許有鑿不醉不歸四字於其上公曰此非遺德令鑿去之見段成式酉陽雜俎所謂公指魏收也不知石何年刻姑附於此

北魏黃石崖造像題名三種

一題大魏孝昌二年九月丁酉朔八月甲辰帝主元氏法義卅五人敬造彌勒像一軀普爲四恩三有法界衆生願値彌勒都維那比邱靜志等四十二人

一題大魏孝昌三年七月十日法義兄弟一百餘人各抽家財於歷山之後敬造石窟彫刊靈像上爲帝主法堺羣生師僧父母居家眷屬咸預福慶所願如是都維那張神龍等十六人

一題維大魏建義元年五月四日清信士佛弟子齊州泰安人王壇敬造尊像一軀上願皇祚永隆歷劫師僧七世父母兄弟姉妹妻子女及善友知識邊地衆生常生佛國彌勒出世龍華三會共登施堂

按天平元象與和武定俱東魏孝靜年號

隋開皇二年齊州刺史唐公墓誌

歴城志云右碑近人於龍山鎮東南掘地得之云唐公諱恭嘗三刺齊州精琴理多惠政葬襄城之南土人旋掩之實以土失其全文

隋開皇六年鉛珍墓誌

元遺山濟南行記云王舍人莊道旁一石刻云鉛珍墓誌云葬鮑山之西以歲計之隋開皇六年丙午至今甲午碑石出壙中葢十周天餘一大衍數也

隋開皇七年比邱靜元等造象記

大隋開皇七年歳次丁未二月癸酉朔十五日丁亥比邱尼靜

元洛法僧欽僧妃智最清信女姚姬趙文姜等敬造釋迦像區軀彌勒佛一軀上爲皇家及七世師僧父母現存眷屬法界有形咸同斯福清信士女孫白諸人

按此刻正書十行在東佛峪懸崖

隋千佛山造像摩崖九種

一題大隋開皇七年歳次丁未七月十五日弟子劉景茂知身非恒疾踰露葉是以敬造彌勒像一區二菩薩爲皇帝陛下臣僚百官七世師僧父母法界眾生共同斯福

一題開皇八年五月十五日時吉敬造釋迦像一區

一題維大隋開皇十年歳次庚戌八月丙辰朔八日癸亥弟子李景崇知身非永固素體難存機變無留生化有易是以敬造

阿彌陀像一區并二菩薩上爲皇帝陛下師僧父母見存眷屬
一切眾生咸同斯福
一題開皇十一年五月廿三日宋叔敬爲亡父母亡姑敬造彌
勒像一區上爲國王帝主師僧父母見存眷屬咸同斯福
一題大隋開皇十三年四月廿一日大像主宋僧海妻張公主
敬造釋迦像一區上爲皇帝臣僚百官師僧父母居家眷屬法
界眾生咸同斯福
一題大隋開皇十三年歲次癸丑九月戊戌朔十二日己酉佛
弟子楊文蓋領都二人爲亡父母敬造彌勒像一軀并二菩薩
上爲皇帝陛下師僧父母見存眷屬遍地眾生咸同斯福
一題大隋開皇廿年歲次庚申二月十三日大像主吳敬造阿

彌陀像一區爲合家眷屬生同於此共得天壽
一題唵嘛呢巴彌吽
一題解省躬記妻鄧同禮
按以上九種皆在千佛山洞壁內外山左金石志只載七種
而無劉景茂宋叔敬二種茲續訪得之所謂古蹟失於耳目
前者可以補其缺矣

隋大業三年智照造像記

一題比邱僧智供養
一題大業三年十月十八日智照敬造
按此刻在龍洞後門口北六十餘步石崖下
又按龍洞後門口北七十餘步石崖下有隋開皇三年五月

八日騎則苟粲虎威來禮拜觀正書墨蹟三行縣志云則字疑本射字騎射官名苟粲人姓名虎威疑其字來禮拜觀當謂上層佛像附記於此

唐房元齡神道碑

歷城志云石碑褚遂良書在龍山鎮見陳思寶刻叢編按元齡不葬於縣神道碑不知何以在此姑錄之以備考

唐神通寺千佛崖造像題字十九種

一題大唐武德二年桒門沙棟厥年七十下缺

一題大唐貞觀十八年僧明德知風燭難倚艁石像兩軀瞻顏祀禱

一題顯慶二年南平長公主爲太宗文皇帝敬艁像一軀

一題大唐顯慶三年九月十五日齊州刺史上柱國駙馬都尉渝國公劉元意敬造佛像供養

一題大唐顯慶三年行青州刺史清信佛弟子趙王福爲太宗文皇帝敬艁彌陀像一軀願四夷順命家國安寍法界眾生普登佛道

一題像主清信女段淡爲亡父母敬艁一軀

一題元毛德供養德妻田供養

一題李樹生敬艁像一軀

一題恭禮聖像張直方題

一題陵感敬造彌陀像一軀

一題像主劉操亡妹順妃供養

一題蒿道卯爲比邱尼眞海沙彌感師敬艁像一鋪普及法界衆生咸同斯福

一題大唐顯慶二年僧明德敬艁

一題像主前旅帥上騎都尉劉君操供養

一題像主周世軌爲父母敬造

一題像主王元亮被蠱魅得差艁像設齋願合家平安法界衆生咸同斯福

一題文明元年四月趙昨妻羅爲亡父母敬艁佛像一軀

一題永淳二年六月內爲天炎旱側近諸村吏同王方百餘人等於朗和尙广所祈請遂蒙甘澤發心設齋造像造經

山左金石志云案唐書公主傳太宗第三女南平公主下嫁王敬直以累斥嶺南更嫁劉元意錢辛楣云唐制帝姊稱長公主南平蓋長於高宗矣艁古文造字趙王福唐書有傳失書顯慶時行青州刺史段瓚卽段婆變體也旱卽洴字玉篇洴乾也

授堂續跋云宰相世系表河南劉氏政會子元意字深之汝州刺史駙馬都尉政會本傳封邢國公後追襲渝國子元意襲爵尙南平公主高宗時爲汝州刺史此題渝國公襲父爵也表傳皆稱汝州刺史記作齊州其由齊州終於汝州歟

一題像主行章邱令王懷賢妻鄧敬造像兩軀

按以上一條爲山左金石志所遺今補錄之

又按縣志云神通寺在城東南八十五里千佛崖造像記凡二十皆唐刻也然二十條中有濟南沅君王一條卽沅君正

之訛乃宋大觀四年所刻今改正之

唐總章二年歷城令劉文恪清德頌

按此碑載金石錄無書撰人姓名通志作彦恪云在齊州今佚

唐總章二年齊州刺史薛寳積清德頌

按此碑亦載金石錄無書撰人姓名今佚

唐垂拱二年造像石刻

垂拱二年十一月廿五日王青玉爲身非恒久敬造彌陀一像上爲國王帝主師僧父母法界有形咸同斯福

按此刻在府城東北權富莊中上刻一佛二菩薩記文八行在座前又有石臺佛像題字在莊東亦唐刻也

唐長安二年馬舉墓誌銘

大周故上柱國馬君之誌并序

君諱舉字肆仁齊州歷城人也原夫臣虞粉化爰降德於伯儀分晉隆基載延祥於萬舞自軍興馬服樂奏武溪莫不代襲冠冕名光史冊曾祖仕通隨任魏州司馬祖德琮唐任揚州江都縣尉或榮高展驥或職叅馴翟既蘭薰而桂馥並玉潤而金聲君河岳炳靈乾坤誕秀紹白眉之俊宏絳帳之風雖績茂昭陽勳高桂國自得邱園之逸方遺簪紱之榮嗟乎神昧福謙天欺輔德哲人斯殄梁木其壞嗚呼哀哉粤以萬歳登封元年三月一日春秋六十有七卒於神泉里第夫人項氏淄州司戸叅軍第二女也演慶重瞳凝姿淑脊明艶侔於朝日峻節貫於秋霜

婉彼幽閑作嬪君子婦德彰於舉案母儀見於斷機俄沈東逝之川遽掩西山之石長安二年三月廿五日終於前第卽以其年十一月廿二日合葬於流山之陽禮也孝子元景元愛元簡等並思極擗蘭悲深淚柏將申罔極之報寄刊無媿之詞其詞曰

天道悠悠人生若浮奄辭千月俄成一邱匪露興感揚風動愁

儵遷陵谷庶表嶶猷

按此刻正書十九行嘉慶二十一年歷城華不注東臥牛山下出此石據文知山在唐世名為流山也誌中如天人國臣年月日等字皆用武后所製以其駭俗故易之

唐景龍二年神通寺四門塔造象記

維大唐景龍二年歲次己酉七月戊午朔四日甲寅比邱尼元畏沙彌尼妙法奉為已過比邱僧思元敬造彌陀像一鋪觀世音大勢志二聖僧上為國王帝主師僧父母下及全家眷屬法界蒼生咸同斯福

山左金石志云在神通寺東四門塔內此刻縣志失載

唐乾元二年佛峪造象記

大唐乾元二年佛弟子遇緣為國王帝主大地普眾生敬艁阿彌佛一軀三月五日建

山左金石志云右刻在縣東南佛峪

唐大歷九年顏魯公竹山連句石刻

竹山連句題潘書光祿大夫行湖州刺史魯郡公顏眞卿敘并

書

竹山招隱處潘子讀書堂眞卿萬卷皆成帙千竿不作行處士

陸羽練容飱沆瀣濯足詠滄浪前殿中侍御史廣漢李萼守道

心自樂下帷名益彰前梁縣尉河東裴脩風來似秋興花發勝

河陽推官會稽康造支策曉雲近援琴春日長評事范陽湯淸

河水田聊學稼野圃試條桑釋皎然巾折定因雨屐穿寍爲霜

河南陸士修解衣垂蕙帶拂席坐藜牀河南房夔檐宇馴輕翼

簪裾染宿芳顏粲草生還近砌藤長稍依牆顏顒魚樂憐淸淺

禽閑意願行顏須空園種桃李遠墅下牛羊京兆韋介讀易三

時罷圍碁百事忘洛陽丞趙郡李觀境幽神自王道在器猶藏

詹事司直河南房盈晝歡山僧茗宵傳野客觴河南柳淡遥峯

對枕席麗藻映縑緗永穆丞顏峴偶得幽棲地無心學鄭鄉道

上會大歷九年春三月

右顏眞卿書竹山書堂詩眞跡臣米友仁鑒定恭跋

竹山連句墨蹟安麓邨得自太倉王氏正定梁相國曾借摹於秋碧堂帖中後不知所在今年夏余乃得自山右高姓曩觀梁刻如圍穿諸字幾不成文竊疑其贋今觀眞本乃蟲橫卷改裝成冊凡諸訛謬皆裱工以意綴成之如馴之疊筆拂字左方又因蠹蝕處用墨塗傳故稍肥計不過十許字無損於全帙也曲阜桂未谷擬重摹上石盇曾公琅邪人欲存其手澤於山左遂鐫石嵌置潭西精舍其裝本之謬則仍之梁刻之失則正之不敢以私意遷就其閒也刻始於九月成於十二月同觀者徐楊

庵大榕張春田度劉松嵐大觀徐蘇亭紹薪刻者楊敬時年八十乾隆甲寅津門吳人驥識

乾隆乙卯阮元觀於潭西精舍

按此刻正書六石詩五石每石十二行跋正書二行行書十五行八分書一行在五龍潭西精舍東壁上

唐開成三年金剛會碑

濟州歷城縣維那劉長清等八人爲邑會之長曾同十數人俱禮南靈臺山大德師以太和六年受靈岩寺請命詣闕進本寺圖將謝聖旨再許起置鎮國般舟道場之鴻澤首末三秋無疾謝世維那劉公等率邑內諸人建此彌勒像一軀侍菩薩兩軀於南靈臺山先師宴坐之地上荅生前法誨之恩惠矣

歷城志云題名有蹇秀誠其人杜詩濟南名士多自注時邑人蹇處士輩在坐或謂後人僞爲以此碑證之知當時固有蹇姓而公自注爲不贗也女弟子有曰淨花林常歡喜如蓮花等名頗新麗宋元已後北方女子罕以小名傳矣

按此碑在東佛峪懸崖記後有石彌勒像讚并序今不錄

唐開元寺汰僧碑

江萬里宣政雜錄云濟南府開元寺因更修掘地得古碑蓋會昌中汰僧碑也字皆刓缺摩滅惟存八字云僧盡烏巾尼皆緣鬢僧惡而碎之後有詔改德士遂符碑云

唐齊州刺史封公德政碑

按金石錄云李迥秀撰李思惲行書通志作封禪德政碑又

訛思惲爲思憚云在齊州今佚

唐李太白詩刻

按齊乘云華不注山前道院中有石刻李太白諸賢詩今佚

唐瑞氣觀碑

按此碑見齊乘今佚

唐吳道子畫像石刻

宋元祐五年立

按此刻在府署馬王廟中

五代唐同光四年陀羅尼經幢

佛頂尊勝陀羅尼咒咒文不錄

先有願造孔雀院菩薩前面香幢子永充供養清信男弟子宋

處溫妻女弟子裴氏長男延祚新婦劉氏院主尼智詮功德主

善德廣嚴妙惠廣遇妙證

同光四年二月九日建

按此刻八面每面字四行行二十三字舊在北極閣旁道人

醉琴以贈陽城張小餘茲據拓本錄之

周齊州防禦使郭瓊頌德碑

宋史郭瓊平州盧龍人周世宗時歷絳蔡齊三州防禦使在齊

州民饑瓊以己俸賑之人懷其惠相率詣闕頌其德政詔許立

碑

歷城志云按魏晉禁私立碑銘其後禁弛而唐人諛墓及頌德

者尤多觀此則五代時蓋亦嘗禁之故民詣闕以請而後許立

也

宋齊州防禦使李漢超頌德碑

宋史李漢超雲中人宋初爲齊州防禦使在郡十七年吏民詣闕求立碑頌德太祖詔徐鉉撰文賜之

宋陳摶福壽字碑

歷城志云右碑在按察司土地祠內字刻兩面徑四尺三寸福字旁有陳摶書三字徑二寸五分

宋乾德四年觀音經幢

按此刻本在東門內馬訓導歇店中靈山巡檢張祿卿見之請移置按察司署內東廳前石本六面現存半截立石者李姓失其名後題云道光丁亥長樂梁章鉅自城東廢廐移此

宋淳化五年咒水眞言石刻

咒水眞言

淳化五年五月立

山左金石志云右刻乾隆乙卯歷城旱出井方九寸陰刻明萬歷間盂陽知縣王廷薦題字八行朱朗齋云黃小松司馬所藏碑拓亦有咒水靈石贊得於兗州城外井中玩其筆蹟正與此同然則此刻非祇一石矣

宋大中祥符元年眞宗御製元聖文宣王贊石刻

立言不朽垂教無疆昭然令德偉哉素王人倫之表帝道之綱厥功實茂其用允臧升中旣畢盛典載揚洪名有赫懿範彌彰

癸卯年中元日立石

按此刻正書六行在府學戟門內東壁考闕里志宋眞宗大中祥符元年十一月十一日御製御書元聖文宣王賛并序而歷城志據後人立石之年月定爲咸平六年七月非也

宋天聖二年大佛山立幡竿記石幢

伏以國泰時康煙嵒勝寺大佛遺蹟古老相傳社衆結無等之心幡竿立有緣之地謬慙殊石具對斯名大宋歲次甲子天聖二年五月丁亥朔八日甲午立

社頭張燮副社鄭德等二十七人刋石出手買幡竿人劉遂出耳幡竿人劉武立幡竿木匠靳山濟南進士王崇述并書

按此刻在西門內鞭子巷義井旁高一尺五寸八稜週圍二尺八寸每面正書三行毎行十一二字不等

宋蘇東坡書柳州羅池廟迎送神辭石刻

金石萃編云此碑韓文蘇書嘉定丁丑刻於柳州馬平縣羅池廟舊說相傳估客過柳江者搨一紙卽無風波之虞

按此刻明正德十一年重摹上石在濟南書院廊閒

宋熙寗五年曾文定公齊州北水門記石刻 記見藝文

宋熙寗六年曾文定公齊州二堂記石刻 記見藝文

歷城志云右二碑久佚今存者乃明人重刻

宋熙寗六年曾文定公齊州雜詩序石刻 序見藝文

歷城志云右見本集石刻已亡

宋勅龍洞壽聖院六大字石刻

歷城志云右正書勒錦屏山北懸崖無書人姓名舊志云熙寗

閒蘇軾書不知何據
宋熙寧七年齊州閔子廟記碑 記見藝文
潁濱蘇轍撰
明天順四年歲次庚辰七月巡撫山東都察院左都御史賈銓
等重立石
按此碑正書二十行在閔子墓前
宋蘇東坡枯木石刻
歷城志云按東坡熙寧十年過濟南蓋自密州赴京師取道於
此集內有和李公擇詩是其時也亭主劉詔不知何如人考趙
清獻公集有寄題劉詔寺丞檻泉亭詩招蓋詔之誤耳
按禹城志有于棨所作東坡先生枯木記詳禹城

宋龍洞題名九種
一題元豐戊午仲冬廿六日度支郎中知齊州韓鐸奉朝命以
冬旱躬詣龍洞祈雪大理評事知歷城縣趙齊賢前潁州團練
推官李毅同拜祠下
一題誠應岳 篆書三大字徑一尺八寸
尚書兵部郎中知軍州事韓鐸命名元豐二年夏四月何拱辰
奉命書院主智全上石劉守新刻
一題元豐二年二月八日知齊州事韓鐸再奉聖旨以春旱禱
雨靈祠前潁州團練推官李毅歷城尉李景隆陪謁鐸題男文
炳文蔚文通文仲侍行
一題元豐辛酉四月二十日朝散大夫直集賢院知齊州范純

仁朝請大夫通判州事閻邱孝修同謁順應侯祠朝奉郎張起
權齊淄二州都巡檢康誗承事郎知歷城縣趙齊賢觀察支使
孫述前潁州團練推官李堅歷城縣尉李景醫從至

一題朝請大夫通判齊州權發遣軍州事閻邱孝修宣德郎知
歷城縣事單鎔觀察支使權通判軍州事孫述節度推官田備
新定陶縣丞薄處厚司法叅軍陶聖臣同詣順應侯廟祈雨因
遊龍洞至此男前賓州錄事叅軍頓新晉州司法頌壻進士高
元溥孫男郊社齋郎琳次孫璋璪瓌琥侍行元豐五年三月二
十六日元溥書

一題大宋崇寧二年六月晦日張頡子與李倚艮輔范庭堅悅
道劉琮元方李佳美仲聯轡來游

一題華陽王有道林邑夏侯景彥同明慧大師來游政和八年
五月十二日題

一題潘世美崔子明崔端禮張澤民癸酉清明日同遊

一題長樂張勱深道問農禱雨至龍洞大梁劉公彥君貺郡人
張仲綱彥正韓思誠存仲杞世享延國李孝鶴王有方承之絳
郡史安民惠叔長樂李撰德修大梁宋宗年嘉紹趙士欽彥威
趙公回子發同來政和七年四月二日龍洞在府城東南三十
六里山長而深獨秀峯最高峻其北爲天門又高以峻至者必
緣崖躡蹬盤折而上祠横山腰百數十步湫在後澗半里餘水
色黝然大旱不枯古傳黑龍淵云深道題

山左金石志云案韓鐸以元豐元年十一月奉朝命祈雪二年

二月再奉命禱雨皆有應於是題誠應岳三字此崖以昭誠貺仍奏請朝廷賜額順應事詳壽聖院勅牒碑范純仁宋史有傳神宗朝嘗知齊州舊府志以爲哲宗時者由未細檢耳

按縣志又有大乘師演老岳正書六大字在獨秀峯亦宋刻也

宋范純粹律詩石刻

歷城志云右見濟南行記謂純粹有題張掞讀書堂詩考德孺知滕縣在熙寧中而其直龍圖閣及知慶州皆在叔文沒後或是忠宣詩遺山誤以爲德孺耳

按范文正公四子長純祐字天成次純仁字堯夫知齊州諡忠宣次純禮字彛叟次純粹字德孺縣志辨之是也

宋歐陽文忠公舜井詩石刻 詩見藝文

歷城志云濟南行記云舜井有歐公詩大字石刻按詩載本集而石刻已不見於舊志

宋熙寧十年蘇子瞻書讀書堂石刻

讀書堂 正書三大字字徑一尺

熙寧十年二月朔子瞻書

山左金石志云縣志云張掞讀書堂碑明萬歷初掘地得之乃宋龍圖張掞舊隱處也案宋史列傳掞卒於熙寧七年距東坡書碑時已三年矣東坡以熙寧九年十二月離密州此或是道經龍圖故里感舊而書未可知也

歷城志云右碑舊在王舍人莊今在儒學橋門外

宋元豐三年神在二大字石刻

神在（草書二大字字徑二尺七寸）

興德城南泰山廟東廊壁上神在二字世傳郭恕先之筆命意旣異固非凡俗所能爲者因模刻以存不朽元豐三年四月望日尚書兵部郎中直昭文館知軍州事上柱國王臨題

金石萃編云按此碑在濟南府城內舜井前今之濟南在宋元豐時爲齊州興德軍王臨史附王廣淵傳大名成安人弟臨字大觀起進士治平中知順安軍後改知齊州

歷城志云碑後又刻游神二字大小與神在字同

宋元祐名士軒碑

歷城志云右碑見齊乘今佚

宋元豐三年王臨讀書堂詩刻

題故龍圖侍郎張公舊隱讀書堂魏國王臨

熙盍逸老舊門牆少日窮經歷水陽負笈便爲稽古地躬耕兼是養親堂已將賢業歸靑史尙有陳編秘縹囊嗣子轂難承世學至今人愛鄭公鄉

元豐庚申五月廿日興德平易堂大觀書

歷城志云右碑在王舍人莊中大路旁時齊爲興德軍平易盍州治堂名而大觀則臨之字也

宋紹聖五年三壇寺宰堵波銘

補陀子潘古撰應鄉貢進士馮睿書

宰堵波者比邱福林爲父母所造也福林俗姓鄭父諱朝宗素

學傳經稱爲長者元豐五年六月二十四日卒於俗舍年七十
五時當溽暑及發迹甸顏色如生蠅蚊不近福善之所感也母
畢氏持齋事佛布施勤約元祐六年前八月初四日卒於俗舍
年七十六福林受業齊州歷城縣神通三壇寺近四門石塔東
北隅三十餘步就山鑿石成瘞坎以藏之運盤石以覆之起七
級窣堵波以表之補陀子潘古尉於茲邑乃爲作銘銘於塔曰
號無量壽四十八願普度羣有罪滅三途業資無垢福林建塔
上爲父母一善從心千佛授手刼火雖焚此塔不朽

按此刻正書三十九行在神通寺東南靑龍峽塔座上

宋元符三年勅封順應侯牒碑 牒見藝文

山左金石志云右碑在龍洞壽聖院勅文後列銜三行曰右諫

議大夫叅知政事蔡者蔡確也曰禮部侍郎平章事王者王珪
也曰工部侍郎平章事吳者吳充也勅下於元豐二年七月至
元符三年六月始爲立石碑陰記爲決曹掾李元應所撰中敘
立碑事甚詳又有元人張泰亨重摹本亦在院中

宋佛慧山題名五種

一題崇寍十年六月知州事吳拭同僚屬會食佛慧山飲茶泉
上

一題大觀二年三月八日左散大夫知州事梁彥純之來遊與
會者六人朝請大夫新差知濮州武安國元禮朝奉大夫新差
知金州張朴朝請郎李格非文叔朝議郎向沈伯武節度書記
李機文淵錄事叅軍宋昭叔明

一題政和二年仲春旣望張勤深道招王勤無逸張仲綱彥正
杞世享延國王有方承之韓思永子長洪炎玉文周洵彥眞史
安民惠叔同贍石龕大佛登覽晚還城中
一題政和四年三月知州事蔡居後七人勸耕於此飯寺中
一題政和五年七月季德修五人就甘露泉試北苑茶
宋大觀四年神通寺題名
平原鄭秉德濟南沈君正同弟天粹自四禪寺登奉春岩同詣
靈岩道場大觀庚寅三月廿三日
宋大觀御製碑
齊乘云憲府東宣聖廟有宋崇寧賜辟雍詔大觀御製政和手
詔三碑在焉

歷城志云按大觀碑山左學宮往往有之蔡京題額曰大觀聖
作之碑今惟政和碑尙存大觀碑與崇寧賜辟雍詔碑皆亡矣
按崇寧賜辟雍詔詳陵縣大觀御製詳臨邑
宋政和六年報恩塔記碑
林楳開元寺東大聖院講經論僧宗義行業特異所在有聞又
念君以安治親以生育師長以誨導檀信以資給此恩不報何
德可酬遂罄所有於齊之龍洞山寺鷲棲巖頂葬舍利數十粒
起石塔七層置觀音像於龕中名之曰報恩塔以成其志也政
和六年歲次丙申四月吉日濟南王澄記
按此刻正書二十行在龍洞東峯
宋政和八年御書手詔碑

朕承祖宗遺休餘烈崇經術設學校與賢能以待天下之士高爵重祿承之庸之以待士之任官者盡與之修政事理人民以立太平之基致唐虞三代之隆宜有豪傑特立之才忠信志義之人比肩相望焜耀一時爲世盛事而比年以來懷僭亂之異謀干誅死之極憲者如趙諗儲倬王寀劉昺之徒或賢科異等勳閥世胄或出入禁闈侍從之領袖爲搢紳士大夫之大辱閭巷無知愚夫愚婦之所憤疾武夫悍卒未嘗知書者咸羞道而喜攻之其故何也豈利心勝而義不足以動之歟抑勸導率勵之方有所未至歟夫經傳所載君臣之分忠義之訓榮辱禍福之戒豈不深切著明今誦其言而不能效之行事深慮薄俗浸漬士風陵夷失崇養之指害教化之原爲天下後世笑卿當師

儒之任以學行致大官其思所以勸勸興起俾知尊君親上之美無復暴厲邪僻之行以居德而善俗以化天下與後世稱朕意焉故茲詔示奉行無忽

付李邦彥

政和八年夏六月上親御翰墨作訓于四方多士以其詔屬臣邦彥使奉行之秋七月被旨揭示於太學暨辟雍仍著之石九月臣以職事進對便朝上諭臣曰前日詔書學者宜識所以訓迪之意且暴戾邪僻豈士人所爲臣頓首謝曰陛下興學造士澤之入人深矣孰不能惠上德而化之聖詔一頒鼓舞丕應咸目喻而心成咨嗟誦詠者不可一二數憤激而勸以義者慨然相先也蓋教育之道素明而理義之感人若是其敏願詔儒臣

作記以揚厲休蹟俾天下後世無忘其章越二日御筆委臣識
之而臣疏逖一介擢長師儒毫髮未報宸翰所及奬飾踰分眷
任之意不替益事且不以蕪累取玷上寵俾加序述惟是不腆
末學固不足以辱命而載名其下有榮耀焉臣之幸也謹拜手
稽首而言曰臣聞三代之學皆所以明人倫人倫治化之本義
命之大戒存焉士之所學學此者也上之所教教此者也政事
之興風俗之醇皆源於此周監二代禮樂庶事備矣而教養之
治加詳法象所示雲漢其章人才之成金玉其質拔奇取異序
爵而官使之名正分辨咸懋嘉德故服事其上而下無覬覦羔
羊節儉正直之風有辭于永世知所以尊義而立命故也治降
叔末君臣信義之論策名委質貳辟之責猶行於區區戰國之
間時以爲美談豈餘波遺澤燕及來葉而人倫之教在人心者
未熄耶上以神明淵懿之資發揮前聖光大之烈勵賢崇化一
本於學所以風天下而善萬世者三代不足進也邪謀弗臧旣
底于憲而訓辭諄切必勤勤于庠序師儒之官宸慮所圖至深
且遠矣譬猶慶霄清明白日中照有目有趾者待是焉顧非甚
愚孰不知嚮是宜革心滌慮祇奉明德戒懼而不敢少易也嗚
呼士之取重於世者以義命在我物無得而移之故尊君親上
之心常存而不喪嗜逐末者義以利勝樂于時者命以故滅陵
夷漸漬始失其常心越乃誕作狂僭矯誣之行而階之爲禍屣
棱之施金柅之戒罔不在厥初則天心仁愛之篤形於詔諭其
爲惠可勝旣耶書曰王言惟作命不言臣下罔攸稟令夫以九

聖之近斡制四海之遠德意志慮非言弗宣稟令之臣所當奉
以周旋靡遑夙夜矧奎章洛畫昭布於上下而又勅諸琴玉垂
範將來疇敢不力臣績文未工愧無以形容聖作之萬一然戒
告之嚴委寄之重尙俾來者勿怠于成以奉揚丕顯休命於億
萬斯年之永則是記也豈特侈上之賜使後世歆艷其美而已
哉
冬十月己卯朔十五日癸巳朝議大夫試大司成同修國史隴
西縣開國子食邑五百戶賜紫金魚袋臣李邦彥奉御筆記并
書
保和殿直學士朝請大夫提舉上淸寶籙宮編類御筆兼禮制
局詳議官校正內經同詳定官汝陽縣開國子食邑六百戶賜

紫金魚袋臣蔡翛奉聖旨題額奉議郎試辟廱司業臣李隲奉
議郎試辟廱司業臣程振
山左金石志云右碑上截刻手詔二十二行下截刻李邦彥記
二十九行李邦彥在當時有浪子宰相之號而此碑勵賢訓士
君臣褒頌雖古之聖君賢相不是過也文辭飾美不足取信於
後世大率類是題額者蔡翛卽蔡京之子也
宋宣和三年磚塔題名
濟南府長淸縣天花中管和平鄉稅戶劉宗妻么氏男助教孫
男小哥次男二哥合宅再修塔須彌座伏保合宅吉慶
宣和三年四月十五日畢
按此刻在城東南八十五里海羅峪村西北磚塔石座上

宋宣和三年黃石崖題名

劉明叔李子瑛宣和三年三月廿三日題

宋徽宗畫花鳥石刻

宋康與之題云玉輦宸遊事已空尚餘奎藻繪春風年年花鳥無窮恨盡在蒼梧夕照中又王盧溪題云宣和殿後新雨晴雨鵲飛來東向鳴人間畫工總不成君王筆下春風生

按此刻在濟南書院西廊壁上

宋紹興五年岳武穆王詩石刻

送紫巖張先生北伐詩云號令風霆迅天聲動北陬長驅渡河洛直擣向燕幽馬蹀閼氏血旗梟克汗頭歸來報明主恢復舊神州紹興五年秋日岳飛拜

金石萃編云按此詩刻者三處一在湯陰一在錢塘墓祠一在濟南府署紫巖即張浚號宋史高祖紀及張浚傳紹興五年秋皆無北伐之事至其署款尤非宋人體製似是明人僞託然碑已傳久忠武詩蹟又爲人所重故特辨之

按此刻詩三行前後題名二行在府署土地祠內蓋祠本前明天啟六年樊太守所建精忠祠也

宋紹興六年高宗賜岳武穆王書石刻

三年之喪古今之通禮也卿母已終天年連請守制者經也然國事多艱之秋正人臣幹蠱之日反經行權以墨縗視事古人亦嘗行之不獨卿始何必過異之邪且足以練兵襄陽以窺中原乃卿素志諸將正在矢師効力卿不可一日離軍當以恢復

爲念盡忠於孝更爲所難卿其勉之
紹興六年五月廿八日皇帝書賜岳飛
按宋名臣言行錄云信國武穆王紹興五年封荆襄招討使
六年兼營田使除宣撫副使駐襄陽丁母憂卽日起復命職
位中增河東路節制河北路又云母喪旣葬廬於墓側御札
數四强之而後起此刻高宗賜書舊爲濟南高太守所摹今
移置精忠祠內

宋景祐二年大佛山寺石刻
齊州大佛山寺自景祐二年正月十五日命匠人下手重鐫大
佛頭至景祐三年丙子歲六月戊申朔畢功據糺首僧用言同
糺首僧瓊江并化到結緣僧尼俗人姓名具列如後
按此刻正書二十一行在開化寺絕頂大佛頭旁

金天眷元年泰山元陽子張先生坐化記碑
元陽子者先生之法名也張姓齊右長淸縣盧鄉人生而聰明
長而慈愛七歲無怙十歲無恃孤養於祖考叔父之側十六歲
爲商抵關右鳳翔不意羅織充軍存心忠孝武藝絕倫戰功出
衆不以官爵利名爲心不以家產子孫爲計自此闡揚正道隨
世化人享年百十有餘歲不食五穀自然饜足已有八歲丙辰
十二月二日午時於濟南歷城縣本菴焚香坐化門生建塔事
之時天眷元年歲次戊午仲冬上弦日門生朱守點李蟻記
按此碑正書文二十一行在城東南子房菴東

金皇統三年白雲菴主慶八十禮塔會碑

白雲菴大論師義公傳殘缺不錄

按此碑正書文二十行在龍洞報恩塔側

金名泉碑

齊乘云歷下名泉總七十二見名泉碑蓋殘金俗筆

按七十二泉名詳山水玆不具錄碑今無存

元憲宗四年龍洞靈惠公廟碑

濟南路叅議前進士長山張泰亨謹撰并書宣授濟南路總管

民長官襲爵張開躬立

按此刻正書三十行在龍洞山門內

元重刻宋勅封順應侯碑并碑陰記

府學生進士李敬簡撰寫并篆額監造官都紀劉江董貴郝存

何金崔登張泉許津刊

按此二刻與宋碑同在龍洞壽聖院山門內西側

元憲宗四年秦氏先塋碑文見藝文

宣差東平路行軍萬戶總管府叅議宋貞撰前德州司判董銓

書丹武略將軍前泰安州倉使秦忠弟秦均秦泉同立石奉國

上將軍山東西路東平府德州防禦使秦津立石

按此碑正書十六行在城東北四唐王道口東

元至元元年濟南安氏先塋碑文見藝文

歷城志云右碑見中州名賢文表馬祖常撰不知其墓所在

元至元十八年重修東嶽行宮三門碑文見藝文

濤亭李書撰歷山李孟璋書丹并篆額

至元十八年辛巳五月甲午二十二日丙辰龍水科針筆王澤
錄事司首領董俊立石
按此碑正書二十行在南關東嶽廟東壖下
元至元十八年舜泉詩石刻
重華昔向歷山耕泉水今猶以舜名山色石如須玉色泉聲清
似鼓琴聲化流天下皆知孝德洽人心盡好生千載歐公詩石
在南風祠下爲重賡宜山徐世隆
舜泉在歷下古今題詠固多干戈以來惟歐公詩刻在至元辛
巳孔文貞從善來任郡幕訪求遺文詩今內相宜山先生唐律
一篇勒諸翠玉期與歐詩爲不朽若從善者可謂好古君子也
至元辛巳閏八月三日邯鄲張之翰敬書濟南路總管府經歷

孔文貞立石歷城簿董士良監造
按此刻行書十八行在舜井北壁
元元貞元年朱宅狻猊贊石刻
乙未夏六月獲石璞於南山周圍厚有尺餘高可四五尺於是
傭功刻狻猊像既成因係之以贊曰天地之璞雄成犖确虎旋
其毛麟闕其角銅頭鐵額斗尾踞牙豕豎門首辟彼妖邪元貞
元年秋七月朔朱宅立殷瑞刊
按此刻正書十一行在藩署土地祠門外石狻猊座旁
元元貞二年進義副尉張儀神道碑銘 文見藝文
國子司業劉敏中撰湖州路儒學正河內曹質書丹并篆額男
守約輩立石

按此刻正書二十四行在城東北張家莊東

元趙子昂詩刻

抱膝獨對華不注孤襟四面天風來泉聲振響暗林壑山色滴翠落莓苔散髮不冠弄柔翰舉杯向日臨空皆有時扶笻步深林長嘯袖染烟霞回　竹林深處小亭開白鶴徐行啄紫苔羽扇不搖紗帽側晚涼青鳥忽飛來　同知濟南路總管府事趙孟頫題

香祖筆記云歷下孫氏有別墅在濟南郡城西北十里而近其地四面皆稻塍與鵲華兩山相望園中有泉相傳趙松雪洗硯泉也一日園丁治蔬畦得石刻於土中洗剔視之乃松雪篆書二詩松雪篆不多見此石刓缺處惜爲石工以意修補寖失古意今其地名硯溪在濼口之北

歷城志云右刻篆書十一行今在臧家屯

元趙子昂趵突泉詩刻

濼水發源天下無平地湧出白玉壺谷虛久恐元氣泄歲旱不愁東海枯雲霧潤蒸華不注波濤聲震大明湖時來泉上濯塵土冰雪滿懷清興孤

予聞趙松雪趵突泉詩久矣謂濟上必有嘉刻可玩乃癸丑來此求之弗得頗惜之至丙辰復來求之又弗得邑人薛君測予意請爲補亡礱石以待予遂不辭而漫書之嗟乎松雪詞翰之妙誰不知者顧吾蹈珷玞之誚哉聊存燕泉故事俾好事者有所考見云爾時嘉靖戊午年月上日東省左司叅知無錫俞憲

識

按此刻草書十九行在趵突泉上

元大明湖三大字刻

山東東西道肅政廉訪使王書都轉運使壽僧立

歷城志云右刻正書字徑一尺一寸五分在鵲華橋西

元大德四年鎮撫張仁神道碑銘

行中書省掌書記濟南李吉撰鄉貢進士濟南張巨淵書丹并篆額男張信張進立石侄男張寍祖張顯祖同立石

按此碑正書文二十五行在城東北張家莊東

元大德十年通理妙明禪師淳愚長老雲公碑銘

前曹州儒學教授智京撰金輿海月圓明長老智澄巨源書丹歷山進士姚仁篆額

按此碑正書文二十八行在神通寺大殿後

元大德十一年普巖大師實公塔銘并序

按此碑正書文二十五行在神通寺北

元大德十一年加封大成至聖文宣王制詞碑

上天眷命皇帝聖旨蓋聞先孔子而聖者非孔子無以明後孔子而聖者非孔子無以法所謂祖述堯舜憲章文武儀範百王師表萬世者也朕纘承丕緒敬仰休風循治古之良規舉追封之盛典加號大成至聖文宣王遣使闕里祀以太牢於戲父子之親君臣之義永惟聖教之尊天地之大日月之明奚罄名言之妙尚資神化祚我皇元主者施行

大德十一年七月十九日

按此刻正書二十二行刻碑上層在府學東廡前

元至大四年加封孔子詔石刻 詔見藝文

中奉大夫前河南河北等處行中書省參知政事劉敏中述并書題額

至大四年歲次辛亥秋八月日資善大夫山東東西道肅政廉訪使師著等立石

按此刻正書二十七行刻前碑下層在府學東廡前碑陰有都轉運鹽使以下題名

元延祐五年僧普光龍洞造象記

按此刻正書文十行在龍洞後門口側

元延祐五年普光石刻

薛禪皇帝欽崇三寶至元十三年設大金輪聖會飭僧百億天牟尼皇帝御印聖無量壽經四十二章經七佛名經普賢行願品等經勑給僧尼披誦延祐五年寺僧普光發菩提心捨有限資命工造佛龕報廕祐之德

按此刻正書十行在五龍潭

元延祐六年故敏公監寺壽塔記

勑賜神通寺住持金輿長老智澄撰并書丹

按此刻正書四面記十五行在神通寺西北

元至治二年勑賜神通寺祖師興公菩薩道德碑

臨邑縣尹邢天佑撰平陽路稅務大使杜艮書丹

按此碑正書文二十五行在西大殿西壁下

元至治三年勝果院僧明遍勤績記碑

黃花後人熊岳王炤撰書丹并額

按此碑正書在城東北五十里董家莊東院中

元泰定三年淸慧明德大師敬公山主壽塔銘

智澄撰并書篆

元至順二年張文忠公祠記碑 記見藝文

侍講學士婺州黃溍晉卿撰

按此碑正書十九行在神通寺西北

元後至元六年金壇縣尹段君墳道志銘

歷城志云石碑在城東武家村南葢嶺之族也

元後至元六年王氏先塋碑銘

歷城志云右碑掘土得之在城東七十里龍山鎮西北

元至正二年濟南路廟學新垣記碑 文見藝文

御史中丞張起巖撰　山東東西道肅政廉訪副使文書訥書

丹　副使史經篆額

按此碑正書二十行碑陰上層十五行下層二十二行在府

學泮橋西

元至正十年山東鄉試題名記碑 記見藝文

儒林郎山東東西道肅政廉訪司經歷許彧書并題額

徵仕郎翰林國史院典籍毛元慶撰

至正十年十月立

中奉大夫山東東西道肅政廉訪使八都　奉議大夫山東東西道肅政廉訪使八篤邇實理　承德郎僉山東東西道肅政廉訪司事環州閭　奉訓大夫僉山東東西道肅政廉訪司事拜住　奉議大夫僉山東東西道肅政廉訪司事林茂　儒林郎山東東西道肅政廉訪司經歷許彧　將仕佐郎山東東西道肅政廉訪司承發架閣兼照磨事童二

考試官　通議大夫禮部尚書梁宜彥中乙卯進士茌平人

奉訓大夫國子助教黃昭觀瀾庚午進士臨川人　從仕郎翰林院國史典籍毛元慶文在壬午進士盧陵人

監試官　奉訓大夫僉山東東西道肅政廉訪司事拜住明善

壬午狀元　書吏趙鑄元治眞定人　楊權可立胥宝人

知貢舉官　正議大夫山東東西道宣慰使司同知副都元帥

別速堅　令史莊全　奏差苗紹宇

收掌試卷官　承事郎般陽路淄川縣尹仕翺戊子進士

受卷官　濟南路儒學教授寶暻大名

彌縫官　從仕郎高密縣尹秦裕國子生

謄錄官　從仕郎棣州無棣縣尹李勉中

對讀官　從仕郎德平縣尹蘇霖　從仕郎霑化縣尹王士彥

從仕郎江西榷茶提舉賀天民　承事郎濟南路濟陽縣尹王曰正　閔子書院山長曹賚東平解元　憲司通事旭出帖木兒　書吏王誠等十五人　奏差王守仁等三人　典吏李

中

遈榜進士　蒙古色目九名
第一名保安奴山東人　第二名阿禮濟南人
第三名藥師奴博興人　第四名栢朮濟南人係阿禮弟
第五名煥著濱州人　第六名合徹的斤色目人
第七名埜僊濟南人　第八名燭理達般陽人
第九名普顏八達耳滕州人
漢人七名
第一名李國鳳濟南人　第二名鞠思誠盖海州人
第三名姜允祖般陽人　第四名孟華沂州人
第五名張泰萊州人　第六名陳克敬萊州人
第七名劉遵魯登州人

提調試院官　中憲大夫濟南路同知總管府事蕭完者不花
承直郎濟南路總管府推官楊翀　承事郎濟南路總管府
經歷鄭允德　府吏王裕仁等四人
監門巡綽官　武略將軍濟南總管府判官揑古伯　武德將
軍守鎮千戶都剌帖木兒
搜撿懷挾官　進義副尉濟南路歷城縣達魯花赤天保　進
義副尉濟南路錄事司判官趙思明
供給官　朝列大夫濟南路總管府達魯花赤火你赤　武德
將軍濟南路總管府副達魯花赤阿東　武德將軍濟南路總
管府治中塔失要　承直郎濟南路總管府推官王景安　登
仕郎濟南路知事郭從善　濟南路架閣所照磨邢思齊　司

吏張恭默　貼書趙瑞等七人

供給屬官　文林郎濟南路歷城縣尹閻仲榮　進義副尉濟南路歷城縣主簿張逵　濟南路錄事司達魯花赤買住　從仕郎濟南路錄事鄺公讓　督工府吏傅浩伯深　貼書劉艮

佐

按此碑正書凡四層一層三十行二層四十行三層十九行四層二十七行在府學明倫堂東壁上

元至正十三年重建五龍堂碑

孔顏孟三氏教授趙本撰翰林直學士段弼題額

按此碑行書篆額在五龍堂前廳東壁

元至正二十二年山東鄉試題名記碑　記見藝文

朝列大夫刑部侍郎孫翥撰　徵仕郎河南江北等處行中書省儒學提舉吳禺題額　奉訓大夫中書右司員外郎權左司員外郎趙恒書丹

至正二十有二年歲次壬寅秋九月朔旦書於濟南之明遠堂

總行提調官　總兵官光祿大夫中書平章政事兼知河南山東等處行樞密院事皇太子同知詹事擴廓鐵穆邇

提調官　從仕郎僉行樞密院事完哲　承事郎衛輝路總管

權中左司員外郎張守禮字志道　奉訓大夫中書右司員外

權左司員外郎趙恒　奉訓大夫中書右司文質字仲　缺　行

科舉省掾台　缺

考試官　朝列大夫刑部侍郎孫翥蘭陽人　徵仕郎河南江

北等處行中書省儒學提舉吳禹字伯璋
監試官　承德郎戸部侍郎倪璐
守禦提調官　中議大夫河南江北等處行中書省右丞察缺
中奉大夫山東等處行中書省參知政事恒缺
收掌試卷官　奉訓大夫淮南江北行中書省左右司郎中陳
缺
受卷官　將仕佐郎河南行樞密院缺
彌縫官　太保府掾史王煥　鄒平縣儒學教諭缺
謄錄官　敦武校尉皇甫缺字希尙
對讀官　河南山東行樞密院都事缺暹
閔子書院山長張缺

正榜十三名
劉韶　劉謙　楊天翼禹城人餘俱缺
副榜六名
段顯禮濟南人　周寄東平人　孫用貴鄒平人　周熹濟河
人　馬缺濟南人上缺
供給科舉一應事務官　奉直大夫濟南路總管府達魯花赤
諸軍奥魯管內勸農事愉仁字道宗　濟南府總管府經歷缺
提調科舉官　亞中大夫濟南路同知總管府事程翊字鵬缺
濟南路總管府知事石德瓌字君琚　照磨張從義字立禮
搜撿懷挾官　濟南路總管府知事孫福
監門巡綽官　歷城縣尹隋榮祖字從仁　縣丞秦九成字鳳

缺
主簿衛權字從道　前濟南路錄事司達魯花赤保缺
掾史時九凱字舜卿
按此碑正書凡四層一層二十八行二層二十九行三層二
十一行四層十六行在府學明倫堂西壁上

元濟南忠襄王張榮墓碑

大元勅賜故山東行省兼兵馬都元帥加贈推忠宣力正義佐
命功臣太師開府儀同三司上柱國濟南忠襄王碑
歷城志云右碑在城東三十五里和山前張林邨村北僅存篆
額四行榮贈王及謚忠襄不見於本傳得此可以補史之闕

元至正十四年張宓神道碑

大元故中奉大夫山東東西道宣慰使贈江浙等處行中書省

參知政事護軍追封濟南郡公謚宣懿張公神道碑銘
賜同進士將仕郎翰林國史院編修官李國鳳撰文　翰林學
士承旨榮祿大夫知制誥兼修國史張起巖篆額　從子景德
拜手稽首書丹　孤子元輔立石　孫男樞督工
按此碑正書三十三行在張林邨村北

元張氏先塋碑

歷城志云右碑在章邱縣東南相公莊東張萬墓旁明正德中
文忠公裔孫摹刻立石篇首云維我張氏之在濟南其宗屬有
二一居陽邱一居歷城居陽邱者則伯祖父歷城則祖父也伯
祖父諱萬其世行具見翰林承旨姚燧所撰陽邱張氏先塋碑
祖父年九十一卒子二長興葬泰安梁氏村父郁字威卿以中

統年卒觀此知歷城故有是碑且可知文忠之居於歷城蓋自
其祖而舊志之列於流寓誤也

元張文忠公家訓碑
歷城志云右碑正書文十八行額八分書在張文忠公祠內

元張文忠公擬雅詩刻
擬雅古詩二篇晨興五言今律一篇先文忠公所遺翰墨也引
恐其久或靡沒命工摹勒如上嗚呼先公遂閒之情取友之誼
於此庶見其一二端矣至正十四年甲午春三月朢日朝請大夫
陝西諸道行御史臺監察御史嗣男引百拜謹誌
按此碑草書詩三層每層十五六行正書跋十行並勒家訓
碑陰

元張文忠公自壽詞碑
自壽感皇恩　林壑八年閑吟殘山色無處烟霞不相識正慵
清福舉世誰人會得天教分付與雲莊容　萬室侯封九華仙
伯未必情懷似吾適扁舟風月好景初無今昔遐齡原不在餐
松柏　雲莊老人書
按此碑草書十行在文忠公祠內

元張文忠公七聘堂記碑　記見藝文
趙郡蘇天爵記　江石諭立書　朝請大夫陝西諸道行御史
臺監察御史嗣男引立石
按此刻正書二十二行與前自壽詞並刻一石

元蜀郡虞集題張文忠公詩刻　詩見藝文

自築層臺草棘閒興來時復一躋攀不知老眼高多少脚底雲
生無數山　薄暮池亭獨倚筇寒山遠火透林紅却愁今夕雲
霄外萬叠屏風一炬空　雲莊老人書
按以上二種竝刻七聘堂記碑陰
元雞鵲睡犬石刻
歷城志云元李宗實周焔所畫雞犬曹布谷題其端寓諷刺謂
之三絶今壞
元太師郭公墓碑
歷城志云右碑在老僧口西南七里
元總管府斷碑
總管府知事郭榮　濟南路總管府事蕭完者不花　總管府
達魯花赤管內勸農事搭海
歷城志云右斷碑在龍洞聖壽院佛殿臺基牆內
元大佛山磨崖題字
長生泉　正書字徑三寸
按此刻正書二行在大佛山壁石佛旁泉上
廉使察罕普華書
明洪武二年重建城隍廟碑
濟南府知府廣信陳修撰歷山陳汝言書并篆額
按此碑在城隍廟西墀下碑陰列山東省官按察司官濟南
守衛官歷城縣官共二十二人
明洪武十八年題山東布政司堂前鳳翥石

文淵閣大學士豐城朱善題成化十三年左布政使陳儼右布
政使阮勤等立石經歷樊輔書

明景泰五年釋至昂枯木堂銘
濟南僧綱司都綱至昂集
按此碑正書十三行在太平寺殿基後

明至昂和尚牧牛圖詩亭石刻
歷城志云石刻在太平寺殿基後

明天順四年重修城隍廟碑
前禮部左侍郎兼翰林學士河東薛瑄德嘉撰山東布政使司
左叅政鳳陽柳春孟端篆濟南知府成臯陳銓文衡書
按此碑在城隍廟大殿東墀下

明天順五年重修布政司堂記碑 記見藝文
太常少卿安成彭時撰文南京戸部左侍郎東萊譚溥書丹山
西按察使濟南王允篆額

明天順五年布政司題名記碑 記見藝文
吏部尚書南陽李賢撰文陝西叅知政事東魯許彬書丹通政
司左叅議濟南尹同仁篆額

明天順六年濟南府重建張文忠公祠堂記碑
陝西叅知政事前禮部左侍郎兼翰林學士東魯許彬道中撰
山東都轉運使前戸部郎中金臺董昱篆額濟南知府前兵部
主事成臯陳銓文衡書丹
按此碑正書文二十三行在張文忠公祠內

明成化九年修大清河記碑 記見藝文

太子太保壽光劉珝撰文

明成化十五年歷城新遷儒學記碑 記見藝文

按察司僉事廣信畢瑜撰僉事衛輝劉璋書歷城知縣賈宣立石

按此碑正書十七行在縣學內

明成化二十一年新建按察分司記碑 記見藝文

按察司僉事潘禎撰文按察使石渠書丹副使許進篆額

按此碑正書在運司署土地祠內

明宏治元年欽准張文忠公春秋祭祀檄文石刻

濟南知府睢陽蔡晟立石

按此碑正書文二十四行在張文忠公祠內

明宏治二年運使王臣去思碑

德府長史大梁艾俊撰文

明宏治六年祭張文忠公墓文石刻

致仕吏部尚書尹同仁撰

按此碑正書十二行在張文忠公墓前

明宏治十七年趵突泉詩刻

晚到濼泉次趙松雪韻

濼源特起根虛無下有鼇窟連蓬壺絶喜坤靈能爾幻却愁地脉還時枯驚湍怒湧噴石竇流沫下瀉翻雲湖月色照衣歸獨晚溪邊瘦影伴人孤　餘姚王守仁

玉皇蟠珣半有無金聲鏜鞳擁氷壺源通渤澥詎眞見老盡乾
坤勢未枯萬斛明珠浮泡沫一川輕浪接平湖公餘坐倚觀瀾
石四面清風與不孤　江東陳鎬

宏治甲子八月吉日題

按此刻行書九行正書九行在趵突泉上

明正德元年都司題名記碑 記見藝文

提督學政副使陳鎬撰左布政使劉璟篆按察使賈錠書

按此刻正書在今濼源書院內

明正德三年按察司續建題名記碑 記見藝文

按察使周東撰文左布政使賈錠篆額副使王搢書丹

明正德四年臬署洗心亭記碑 記見藝文

按察使周東撰并書

明正德四年都司新建牌坊記碑 記見藝文

學政江東陳鎬撰布政使車璽篆按察使周書書

按此刻正書在今濼源書院內

明正德八年趵突泉詩刻

趵突泉次趙松雪韻

濯盡塵襟一點無皎如寒露在氷壺風鳴谷涌聲先到歲旱山
童澤未枯定有靈根連海岱應教餘潤比江湖他年策杖遊王
屋解道尋源興不孤　太原喬宇

正德癸酉四月吉日立石

按此刻正書十一行在趵突泉上

明嘉靖元年聖賢道統贊石刻

伏羲贊　於惟聖神繼天立極仰觀俯察卦爻斯畫始造書契
以代結繩開物成務萬古文明

神農贊　聖皇繼作與天合德始嘗百草以濟夭札農有耒耜
市有交易澤被生民功垂无極

黃帝贊　帝德通變神化宜民垂裳而治上乾下坤井野分州
迎日推筴百度惟熙萬世作則

帝堯贊　欽明揖遜德協萬邦巍乎成功煥乎文章天地之大
日月之光允執其中道冠百王

帝舜贊　重贊協帝授受于唐惟精惟一濬哲文明兩階干羽
九韶鳳凰恭已南面萬世綱常

禹王贊　文命四敷三聖一心有典有則克儉克勤成功不伐
善言則拜九州攸同萬世永賴

湯王贊　勇智天錫聖敬日躋建中於民萬邦惟懷顧諟明命
肇修人紀垂裕後昆道統斯啟

文王贊　天德之純於穆不已肅肅雝雝緝熙敬止後天八卦
昭如日星大哉彖繫式開太平

武王贊　丕顯文謨丕承武烈偃武修文天下大悅丹書之受
洪範之咨百王遺緒一代丕基

周公贊　天生元聖道隆德備制禮作樂經天緯地上承文武
下啟孔顏功在萬世位參兩間

孔子贊　道冠古今德配天地刪述六經垂憲萬世統承羲皇

源啟洙泗報德報功百王崇祀
顏子贊　天稟純粹一元之春精金美玉和風慶雲博文約禮
超入聖門百王紹法萬世歸仁
曾子贊　守約而博學恕以忠聖門之傳獨得其宗一貫之旨
三省之功格致誠正萬世所崇
子思贊　精一之傳誠明之學聖門嫡派斯道有託發育洋洋
鳶飛魚躍慎獨之言示我先覺
孟子贊　哲人既萎亞聖斯作距詖闢衺正端諤諤堯舜之性
仁義之學烈日秋霜泰山喬岳
嘉靖元年歲次壬午夏五月望嘉議大夫巡撫山東都察院右
副都御史後學廬陵陳鳳梧贊

按此刻篆書三層每層二十一行在府學戟門外東側一刻
縣學內正書三層文竝同

明嘉靖元年鳳翥石銘刻

巡撫山東前左布政使廬陵陳鳳梧題并跋云東藩露臺久有
鳳翥石高尋丈許如端人正士立乎其前相傳為張文忠公雲
莊奇品坐對之餘肅然起敬為賦一律以寓化世之懷云

明嘉靖元年閔子墓詩刻

巍然邱墓歷城東瞻仰衣冠萬世同德行　聖門眞首選爵名
先代有休風班班苔蘚碑文古鬱鬱松楸享殿崇南望孔林應
不遠瓣香端拜一誠通
嘉靖改元孟春後學廬陵陳鳳梧謹題

按此碑正書八行在閔子墓前碑陰跋云嘉靖三十二年余初補博士弟子員聞學宮有陳中丞題閔子詩業已鐫石欲移祠下尋代去不果索讀竟不可得後四十年乃得之塵埃中孫生董其事諸君贊成之按中丞題詩歲在嘉靖改元歷隆慶至萬歷庚子幾八十年矣始遂中丞本謀亦黃泉高原意也未齋居士周繼書

明嘉靖元年濟南名宦祠碑

巡撫山東都察院右副都御史陳爲查考名宦鄉賢以勵風化事本院謹考一統志參之名臣錄所載得漢平原太守蕭望之而下十二位堪爲名宦俱合崇祀每遇春秋二丁致祭

明嘉靖二年運使向文璽去思碑

杜泰撰文

明嘉靖四年冠豸二大字石刻

按此刻左冠右豸在按察司署宅門外

明嘉靖五年世宗敬一箴石刻

敬一箴有序

夫敬者存其心而不忽之謂也元后敬則不失天下諸侯敬則不失其國卿大夫敬則不失其家士庶人敬則不失其身禹曰后克艱厥后臣克艱厥臣五子之歌有云予臨兆民如朽索之馭六馬爲人上者奈何不敬其推廣敬之一言可謂明矣一者純乎理而無雜之謂也伊尹曰德惟一動罔不吉德二三動罔不凶其推廣一之一言可謂明矣盍位爲元后受天付託承天

明命作萬方之君一言一動一政一令實理亂安危之所繫若此心忽而不敬則此德豈能純而不雜哉故必兢懷畏懼於郊禋之時儼神明之鑒享發政臨民端莊戒謹惟恐拂於人情至於獨處之時思我之咎何如攺之不吝思我之德何如勉而不懈凡諸事至物來究夫至理惟敬是持惟一是協所以盡爲天之子之職庶不忝厥祖厥親由是九族親之黎民懷之仁澤覃及於四海矣朕以冲人纘承丕緒自諒德惟寡昧勉所行之欲盡持敬之功以馴致乎一德其先務又在虛心寡慾驅除邪逸信任耆德爲之匡輔敷求善人布列庶位斯可行純王之道以坐致太平雍熙之至治也朕因讀書而有得焉乃述此以自勗云

人有此心萬理咸具體而行之惟德是據敬焉一焉所當先務匪一弗純匪敬弗聚元后奉天長此萬夫發政施仁期保鴻圖敬怠純駁應驗頓殊徵諸天人如鼓答桴朕荷天眷爲民之主德或不類以爲大懼惟敬惟一執之甚固畏天勤民不遑寧處曰敬維何怠荒必除郊則恭誠廟嚴孝趨肅於明廷愼於閒居省躬察咎儆戒無虞曰一惟何純乎天理弗參以三弗貳以二行顧其言終如其始靜虛無欲日新不已聖賢法言備見諸經我其究之擇善必精左右輔弼貴於忠貞我其任之鑒別必明斯之謂一斯之謂敬君德既修萬邦則正天親民懷永延厤慶光前垂後綿衍蕃盛咨爾諸侯卿與大夫以至士庶一遵斯箴主敬協一罔敢或渝以保祿位以完其軀古有盤銘目接心警

湯敬日躋一德受命朕爲斯箴拳拳希聖庶幾湯孫底於嘉靖

嘉靖五年六月二十一日

按此刻正書二十五行年月上有欽文之寶四字在府學尊經閣上

明嘉靖六年世宗注釋宋儒五箴石刻

宋儒范氏心箴　茫茫堪輿俯仰無垠人於其間眇然有身是身之微大倉稊米參爲三才曰惟心耳往古來今孰無此心心爲形役乃獸乃禽惟口耳目手足動靜投閒抵隙爲厥心病一心之微衆欲攻之其與存者嗚呼幾希君子存誠克念克敬天君泰然百體從令

宋儒范氏浚作心箴西山眞氏特錄於大學衍義之中以獻時

君宋君雖未能體察而爲後世告其致意也深其用功也至是予所嘉慕而味念之箴之作本於范氏非眞西山發揚其孰能之哉嗚呼念哉

程子視箴　心兮本虛應物無迹操之有要視爲之則蔽交於前其中則遷制之於外以安其內克己復禮久而誠矣

程子聽箴　人有秉彝本乎天性知誘物化遂亡其正卓彼先覺知止有定閑邪存誠非禮勿聽

程子言箴　人心之動因言以宣發禁躁妄內斯靜專矧是樞機興戎出好吉凶榮辱惟其所召傷易則誕傷煩則支己肆物忤出悖來違非法不道欽哉訓辭

程子動箴　哲人知幾誠之於思志士勵行守之於爲順理則

裕從欲惟危造次克念戰兢自持習與性成聖賢同歸
斯四箴者作之在於程頤以斯四箴而致其君者乃吾輔臣張
璁也頤之作箴其見道之如此而動與禮合宜朕未之言君子
必知矣夫今璁以此言而告朕與夫昔議禮之持正可謂允蹈
之哉朕罔間於學特因是而注釋其義於以嘉璁之忠愛於以
示君子之人嗚呼箴之功宜不在程氏而在於璁也哉用錄此
於末云耳

嘉靖丁亥歲季冬越三日註

按此刻正書五石一刻二十七行二刻二十三行三刻三十
三行四刻二十九行五刻三十四行在府學尊經閣上北壁
及東西壁閒

完

明嘉靖七年建敬一亭諭奏石刻

嘉靖六年十一月十八日聖諭內閣輔臣楊一清謝遷張璁翟
鑾朕因十三日聽講官顧鼎臣解說心箴連日味思其意甚有
正心之助昨自寫一篇并假爲注釋與卿等看大學士臣張璁
謹奏是月小至日伏承賜內閣范浚心箴注一通臣稽首對揚
乃竊嘆曰至哉聖人之用心乎漢董仲舒有言人君所爲必求
其端於天今陰極陽生實君子道長小人道消之時也在易之
卦爲復曰復其見天地之心乎自非聖人心學得之天其能體
悉發明如此臣愚竊有感焉臣昔讀書山舍嘗揭范浚心箴及
程頤四箴實養心之大目也況人君一心爲萬化之主而視聽
言動尤當加謹焉者也臣於御注心箴敬摹宸翰付工刻石俾

之天下萬世謹復錄程頤四箴乞留神省覽

嘉靖六年十一月二十二日聖諭輔臣張璁午間得卿錄來視聽言動四箴朕甚喜悅朕前日因聽講官講心箴同宮深加愛尚欲釋其義不能欲已之心未放過只勉强註略仍咨于卿等欲爲藻潤以成所作卿何便付工刻石豈不取人笑乎朕自念上荷天命爲人君長當務學以致其知待粗有領會之時再註四箴須賴卿贊之故諭　臣張璁謹奏昨者伏承聖諭仰見皇上緝熙聖學之至也宋儒朱子有言自古聖賢相傳只是理會一箇心臣竊謂范浚心箴舉其綱程頤四箴列其目相爲發明者也臣以此用功三十餘年莫之有得今聖明啟發一至於此眞盲者之日月聾者之雷霆也臣何能贊一辭第當刻石頒布

以覺斯世以廣聖學之傳耳然而人見之莫不曰聖人復生非特堯舜之治見於天下而堯舜心法之秘道統之傳固有在矣程頤四箴尚願聖明啟示謹當再摹宸翰與心箴註并行刻布以爲斯民斯道之幸

嘉靖六年十一月二十六日聖諭輔臣張璁卿前日所錄來程氏四箴昨勉强解註朕復思之程氏見道分明愼敬如此以教後人其功至矣但於濮議之中未免力爭邪說誣君奪子故朕又述數語於末云與卿先藻潤停當然後書示內閣臣張璁謹奏伏承頒示御註程頤四箴臣仰惟大哉皇言皆根諸身心達諸政事眞見帝王之學與儒生大不同者也何能復贊一辭但末嘉奬愚臣實不勝惶懼臣竊自念所務之學雖不逮程頤而

所遇之主實萬爲過之顧在英宗朝代彭思永爲濮議論猶未
定況皇上繼統與英宗繼嗣實大不同使頤居今之世議今之
禮豈得復守濮議之說哉謹將御註四箴與范浚心箴苟摹宸
翰竝行刻布以嘉惠天下後世

嘉靖六年十二月初三日聖諭輔臣楊一清謝遷張璁翟鑾大
學士張璁以宋儒程頤所作視聽言動四箴來告朕深切有益
於學朕讀已旬日輒述數語權爲註釋用錄出以示卿等　臣
楊一清臣謝遷臣翟鑾謹題皇上所註范氏心箴及程頤視聽
言動四箴俱已刻石乞勅工部於翰林院後堂空地蓋亭豎立
以垂永久仍勅禮部通行兩京國子監并南北直隸十三省提
學官摹刻於府州縣學使天下人士服膺聖訓有所興起荷蒙

采納但亭宜有名伏乞聖明勅定須示內外一體遵行臣等又
仰思皇上前所著敬一箴發明心學甚爲親切宜與前五箴竝
傳合令工部將敬一箴重刻一通設於亭中五箴并節奉聖諭
共六通分列左右以成一代之制其於風化良有裨益謹題請
旨
嘉靖七年二月二十二日奉勅旨卿等所言都依擬行亭名與
做敬一禮工二部知道

按此刻正書七十五行在府學尊經閣上北壁間

明嘉靖七年鳳翥石三大字刻

左布政使慈谿沈教書

明嘉靖十一年府城隍廟禁約碑

本府帖文據道士王明倫呈稱宰牲官廳被占久假不歸批縣
丞許應奎查勘明白究報旣經改正還官刻石永爲遵守
按此碑正書十行在府城隍廟內碑陰有廟圖四至記十行

明嘉靖十二年按察司題名記碑
副使四明陸釴撰文副使張鯤篆額副使郭鶴書丹

明嘉靖十四年觀瀾二大字石刻
左布政使順天府通州心齋張欽書
按此刻并跋並正書在趵突泉上

明嘉靖十六年重修濟南府學記碑記見藝文
嘉靖十有六年歲在丁卯陽月一日通議大夫奉勅清理兩淮
兩浙山東長蘆鹽法都察院左副都御史郡人黃臣撰并隸
按此碑八分書二十五行在府學戟門外西側

明嘉靖十六年篆書謙卦碑
唐李陽冰書明胡纘宗學
是篆相傳自唐刻之蕪湖今其梓磨滅矣然李公筆意猶存嘉
靖初或改刻當塗梓雖新李公筆意去其四五矣纘宗爲是惜
偶於吳門舟次爲書一過視蕪湖本減小焉歲甲申李郡博一
嵓見之因鐫之石而樹之吳郡學官李公筆意雖未得其一二
覩梓或不易磨滅耳今歲夏司馬濟南泰見之亦以爲惜重鐫
之石而樹之濟郡學宮意欲與吳門本並行然筆意不異當塗
本不知果不磨滅否也
嘉靖丁卯秋八月旣望都察院左副都御史前進士天水胡纘

宗識

可翁篆籀海內苟得一二輒藏爲墨寶泰觀此本精好入神當塗新本自難比肩矣使陽冰原本具在並置几案間雖法眼安能伯仲之耶刻在吳東土艱得適章生至自吳泰命模勒入石置郡庠俾臨摹者把翫博雅者鑒賞百世可知也已

嘉靖丁卯夏五之朔濟南知府咸寧司馬泰謹書

按此刻篆書五層每層三字共七十五行第六層八分書十九行正書六行在府學大成殿外東壁又此刻八分書後有小印二一刻可泉精舍一刻鳥鼠山人故跋有可翁之稱學使署春雨秋陽亦稱鳥鼠山人皆其所書也

明嘉靖十六年城南詠泉詩石刻

濟水城南黑虎泉一淙瀉出玉田田巨鼇伏地來河內靈液流雲到海邊楊柳溪橋青遶石鷺鷥烟雨碧涵天金湯沃野還千里春滿齊州花滿川

嘉靖丁酉之冬天水胡纘宗偶成濟南府同知興平田良通判武功耿朝用立

按此刻草書詩六行正書跋一行在南門外黑虎泉上

明大明湖三大字石刻

歷城舊志云一在學道東一在鵲華橋下皆天水胡纘宗書

按此二刻今俱佚

明嘉靖十七年府學胡纘宗贊石刻

贊曰一以貫之金聲玉振是謂大成賢於堯舜教在六經道該

曁聖生民以來未有獨盛

嘉靖十七年夏六月之吉通議大夫都察院左副都御史勅巡
撫山東天水後學胡纘宗謹贊并篆都察院左副都御史巡撫
遼東兼贊理軍務金城劉漳山東右布政使嶺南劉士奇左叅
政南海吳章同立

按此刻篆書五行正書前後共六行在府學戟門外東側

明巡撫胡纘宗主敬石刻

主敬 正書二大字橫列字徑一尺五寸

天水胡纘宗書

按此刻在府學明倫堂東壁

明嘉靖十七年貞女劉氏墓甎銘

歷城志云劉天民爲其妹作見函山文集

明嘉靖十九年江漢秋陽石刻

江漢秋陽 正書二石字徑二尺二寸

嘉靖十九年九月望日巡按山東監察御史後學洪洞李復初
書濟南知府霍郡喬瑞立石

按此刻在府學戟門外東西側

明巡撫李復初八分書石刻

如青天白日如高山大川如雷霆之爲威而雨露之爲澤如龍
虎之爲猛而麟鳳之爲祥 洪洞後學李復初書

按此刻八分書四行正書一行在府學戟門外西側

明嘉靖二十三年太和元氣石刻

太和元氣 正書四大字橫列字徑二尺

巡撫副都御史曾銑書巡按監察御史鄭芸立

嘉靖甲辰春二月吉

按此刻在泮池前南壁

明嘉靖二十四年傅莊土地祠碑

歷城志云右碑在傅莊土地廟內是文不見於滄溟集而玩其文義非贋作故錄之

明嘉靖二十六年運使何其高去思碑

叅政楊學禮撰文

明嘉靖二十九年按察司題名總碑

按察使歙縣鮑象賢書副使樂清趙廷松撰副使進賢張集篆額

明嘉靖二十九年濼口批驗所增修鹽園記碑

副使劉宗岱撰文

明嘉靖三十年王陽明先生詩石刻

晚雲孤坐漫沈沈數盡寒更落葉深高棟月明時燕語古堦霜細或蟲吟較評正恐非吾力報答徒知盡此心頓有勝遊堪自解秋風華嶽得追尋

予謬以校文至此假館濟南道夜坐漫書壁閒兼呈道主袁先生清教宏治甲子仲秋五日餘姚王守仁書

陽明先生作幾五十年筆精如新李中巖邵甘澤二公與予相繼分巡濟南咸愛而欲傳之一日郡守李大夫子文來因與之

言遂欣然徵工勒石以垂不朽云嘉靖辛亥季冬望日後學吳
天壽謹識
按此刻行書在運司署土地祠內
明嘉靖三十六年蘇洲菩提傳碑
五湖散人兼三十六洞天牧鶴使者雪簑子蘇洲撰前浙江副
使岱野張一厚書丹前太常寺正卿放客中麓山人李開先篆
額
歷城志云右碑字徑寸許其文有韻每句十餘字非詩非詞多
不可解字作狂草碑額二字雙鉤奇拙如楷柮蓋皆雪簑所爲
而託之張李也雪簑嘉隆間遊山東人以爲神仙靑齊舊家多
藏其墨蹟李中麓爲之傳云雪簑杞縣人從曹縣隨其伯父賣

酒爲業偶有人醉斃困於訟乃逃散年方十一落落無依性聰
穎所學必精如作字彈琴蹴踘歌唱皆可居海內第一流後津
津談內外事自負有獨得此碑在龍洞大殿前東側
明嘉靖三十七年左司叅知無錫俞憲趵突泉詩刻
按此刻草書十九行在趵突泉上
明嘉靖三十七年贈翰林院檢討殷汝麟墓誌銘
歷城志云右見葛端肅公文集李滄溟集亦有汝麟暨配墓誌
銘云裔理公以下葬歷城東閔子騫冢旁而公在焉辛酉十月
十八日改葬於長淸縣之鳳凰山在歷城西南三十里此誌但
云兆域在濟南城東閔孝里負五鼎山面鵲山益戊午初葬歷
城時用此誌及辛酉改葬長淸更屬滄溟爲之耳

明嘉靖三十九年府學聖像石刻

宣聖遺像 篆額四字在畫像上橫列右題吳道子筆四字

既崇闕濟南郡庠一日於方伯萬安朱公衙處獲睹是像濟南爲齊魯首地乂 先師所嘗遊因摹勒於石以永瞻仰嘉靖庚申歲孝豐吳維嶽識

按此刻正書題字七行在府學大成殿中

明學使吳維嶽詩刻二種

春日試士

索駿誰言只按圖眼中奇氣濟南儒條風正艶生花筆滄海還呈照乘珠童冠後先春服候輿談師受古文匡君王日待公車薦對爾何須賦白駒 吳維嶽

登明遠樓

海岱登樓絳帳孤文昌濤切倣瑶圖青山四郭春虧蔽碧樹千門暮有無鑪氣入雲通晝郞鐘聲傍酒落晴湖憑高樂意琴編在況復和風似舞雩 吳維嶽

按此碑草書二石各五行在府學明倫堂後

明嘉靖四十二年創建許忠節公祠記碑

翰林院檢討濟南殷士儋撰巡撫張鑑巡按高應芳立

按此碑正書二十五行在三公祠內

明隆慶六年都司題名記碑

提督學校僉事關中李寵撰布政使益海石簡篆按察使古唐劉璽書

按此碑正書在今濼源書院內

明隆慶四年殷士儋祖墓誥命碑陰記

按此碑正書在殷家小莊墓上

明萬歷二年許忠節公祠詩刻

於皇三章　侍讀學士楚鄂廖道南

樂陵令行　副使太僕何景明　南昌行兵部尚書儀封王廷

相　大學士羅峯張孚敬　學士堂邑穆孔暉　編修安仁楊

惟學　祭酒北海李舜臣　大學士雲莊許節　修撰進賢舒

芬　吏部尚書蒲坂楊博　編修雙石陸釴　檢討師竹王祖

嫡

按此刻正書四層詩十二首共二十二行在三公祠內

明忠孝廉節四大字石刻

學士林公焞書

按此刻二石每石二字字徑五尺二寸跋三行在三公祠內

明萬歷三年祭張文忠公墓文石刻

少保兼太子太保禮部尚書武英殿大學士殷士儋撰

按此刻正書十四行在張文忠公墓前

明萬歷四年修建火神廟記碑

郡庠生王三益撰王汝貞書丹

按此碑正書文十五行碑陰施財三百八十三人在南關

明萬歷六年太白山人潯陽歌石刻

潯陽歌十首

右潯陽歌乃孫太白山人作也余讀之至憲副臨危罵未休句輒喟然嘆曰豈忠節公之謂乎然公嘗先欲圖濠不濟竟以身殉葢亦籌之確矣豈徒慷慨於一時爲然哉善乎羅峯云殺身有難易時論者未明可謂知公矣余壯公之節又雅愛山人詩因勒石於茲以竢來者正焉前吏部郎汝南許際可謹誌時戊寅夏五之吉

按此刻正書詩二十二行跋五行在三公祠內

明萬歷六年萬方伯題許忠節公詩刻

題忠孝交輝卷詩并序

右詩并序迺射洪謝公作余一日閱東游稿懼久之弗傳也會增修公祠爰勒諸石俾千百世下知公之後尚有耀哉余之意葢亦若溪公云萬歷戊寅秋七月濟南同知許際可識

按此刻正書二十五行在三公祠內

明萬歷六年新建崇正祠膳記碑 記見藝文

歷城知縣曾山賀一孝撰文

按此碑正書二十行在華陽宮二門內

明萬歷七年五嶽眞形圖石刻

按此刻并跋在華陽宮二門內

明萬歷七年運使賴嘉謨去思碑

副使濟南劉宗岱撰文

明萬歷十七年臬司續題名記碑

按察使東廣葉夢熊撰文副使大梁胡希舜書丹副使汝南吳

同春篆額

明萬歷十八年提學道署題名記碑記見藝文

右布政使前提學副使洪都范謙篆額南京刑部郎中前提學副使檇李屠謙書丹提督學校副使汝南吳同春撰文

明萬歷三十九年吳越人許王二公祠吟石刻

許王二先生祠吟有引

萬歷辛亥秋九月吳越人後學沈應奎撰孫惟忠書

按此刻正書二十一行在三公祠內

明許忠節公祭文石刻

過樂陵祭忠節許公文濟南府同知許際可撰歷城管工主簿張宏道刊

按此刻正書二十一行在三公祠內

明許忠節公祠詩刻

編修安城鄒守益　副使上蔡張惟恕

副使商城王漸　御史郴陽范永鑾

都給事中壽光劉祺　給事中遂陽徐景嵩

禮部郎中蔚麓董中言　郎中郴城楊旦卿

按此刻正書詩八首共四十行在三公祠內

明萬歷三十九年歷山書院記碑

提督學校副使陳瑛撰萬歷歲次辛亥季夏吉旦立

按此碑正書三十七行在西關外白雪樓下

明萬歷四十年藩署土地祠靈異記碑

巡撫山東右副都御史婁上李同芳撰并書

按此碑記後附治腰疼治眼瘤二方并贈言二絕

明萬歷四十五年歷山書院記碑 記見藝文

巡撫山東監察御史新安畢懋康撰

按此碑正書二十行在西關外白雪樓下

明萬歷四十七年重修閔子墓并建祠記碑

陝西富平知縣歷下劉勅修并記

按此碑正書十八行在閔子墓前記云宇內有閔墓者三一在徐之蕭縣一在范縣據石槨之詩則此墓爲眞也

明萬歷年創建藏經堂記石刻

歷城志云右碑在神通寺西南崖藏經石室壁中

明天啟二年驛遞不許私報富戶苦累馬頭立石永禁碑

歷城志云右碑在東縣巷東南

明天啟三年州縣徵收錢糧俱官收官解聽花戶自封投櫃碑

歷城志云右碑在東縣巷南向

明天啟五年重修濟南府儒學記碑 記見藝文

禮部左侍郎兼翰林院侍讀學士東蒙公鼐撰

天啟五年歲次乙丑季秋吉旦立

按此碑正書二十五行在府學內

明天啟五年濟南府學祭器碑 祭器詳金

濟南府爲査覈祭器以垂永久事照得本府學宮祭器傳自先代古色照人久光祀典但恐歲久湮遺致難稽考今乘重修

宮除書籍祭服樂器等項另載冊籍外今將一應祭器銘勒於
石使後人知所典守不致淪沒永供祭祀謹紀其數於左
天啟五年六月濟南府知府樊時英同知蘇維棟立

按此刻正書十四行在府學明倫堂東壁

明天啟六年新建精忠祠記碑 記見藝文

濟南知府武林樊時英撰後學御大成書

按此刻正書在今府署土地祠內

明天啟末濟南樊太守去思碑

歷城志云太守名時英浙江仁和人天啟末知濟南府陞福建
提學道有去思碑在府庠

明崇禎元年重修府城隍廟記碑 記見藝文

湖廣道監察御史裕州吳阿衡譔文戶部主事孫文孝書丹

按此碑正書二十三行在府城隍廟門內

明崇禎元年重修府城隍廟記碑

陝西富平知縣歷下劉勅撰庠生王惺書

按此碑正書十八行在府城隍廟門內

明崇禎元年重修府城隍廟記碑

歷城廩生楊衍嗣撰昌樂教諭張夢兆篆額

按此碑正書二十二行在府城隍廟內

明崇禎二年重修閔夫子墓舍記碑

陝西富平知縣歷下外史劉勅君授撰歷城典史趙萬方立石

按此碑正書十六行在閔子墓前

明崇禎三年越人鄭五全趵突泉詩刻
按此刻正書十一行在趵突泉上
明崇禎七年都指揮使司題名記碑記見藝文
副使兼參議守東兗道前提督學政延陵湯道衡撰
按此碑正書在今濼源書院內
明崇禎十年釣磯石刻
釣磯 二大字正書平列字徑一尺二寸
一竿獨抱水雲偎半載爲官解綬來豈是明時甘自隱高風不
讓子陵臺 明湖主人自題
明趙狀元雲近蓬萊四大字石刻
雲近蓬萊 四大字徑一尺三寸五分

趙秉忠書東萊後學孫枝豐摹
按此刻正書在縣學魁樓上趙秉忠益都人萊州掖縣亞祿
山亦有此刻掖乘以爲掖人毛仲子似徐筆也
明贈山東布政司右參議金啟倧墓碑
歷城志云石碑在黃臺張家莊西按啟倧義烏人官永平府通
判天啟中以死事贈山東參議而葬於此子孫因家焉
明大佛山磨崖題字二種
大慈大悲 四大字正書字徑一尺五寸
自有靈巖 四大字正書橫列字徑一尺五寸
按此二刻俱在大佛山古開元寺懸崖石佛旁並題東海李
伯春題華亭田東作書歷城舊志以自有靈巖石刻爲宋朱

晦菴書誤也

國朝順治九年山東寶源局記碑記見藝文

台州府推官王介錫撰

按此碑在豐儲二倉間爐神廟内記後刻左布政使耿焞右布政使胡章管理鼓鑄守備王桂爐商陸萬鎰等三十四人碑陰錢局書辦二十四人紅爐攬頭三十二人甕洗攬頭二十五人

順治九年重刻義娥墓碑

濟南府理刑廳深州李施工重立府庠生張堯臣書

按此碑正書在城西郊靈官廟旁

順治十一年白雪書院記碑

浙江左布政使前兵部尚書衞水張縉彥撰宏文院大學士吏部尚書渠邱劉正宗書丹宏文院學士河陽薛所蘊篆額

按此碑正書二十四行在西關外白雪樓下

順治十三年縣學重建奎樓記石刻

督學使者戴京曾撰

按此刻正書二十行在縣學魁樓下

順治十三年分巡濟南道題名記碑

濟巡道僉事陞通政司右參議三韓王登聯撰

順治十四年縣學奎樓詩刻

丁酉秋九月望後愚山施閏章漫筆

按此刻草書二十三行在縣學魁樓上

順治十六年各州縣弓式碑

布政司爲欽奉

勅諭事據經歷司呈抄蒙

欽差山東察荒監察御史李意票本院清丈東省地畝遵照

勅內款載其丈量弓尺度數長短察照該省舊行規制不得意爲盈縮

本院卽行令通省州縣丈量弓尺察照該州縣舊行規則不得

意爲盈縮恐日久弊生雖僅差毫釐漸至相遠失其舊式無憑

較證合將提到各州縣丈地弓式面註折畝舊規臚刻于石置

布政司前仍令州縣各將弓尺勒石置各州縣治前如州縣舊

有鐵五弓尺至今尚存者不必另製此係清丈第一喫緊事宜

弓尺之長短關地畝之有餘不足

國計贏詘民生利病皆于是焉係之

天語諄切誠灼見及此也抄呈到司蒙此遵將本院發下各州縣丈地

弓尺逐一臚列勒石與通省官民永爲遵守

計開　山東壹百零肆州縣丈地弓尺舊行規則於後

歷城縣五尺爲一干二百四十干爲一官畝　金地照官畝徵

糧　銀地一畝二分折徵糧地一畝　銅地一畝五分折徵糧

地一畝　錫地二畝五分折徵糧地一畝　鐵地三畝折徵糧

地一畝

濟南府叁拾州縣

章邱縣五尺爲一岔二百四十岔爲一畝

鄒平縣五尺爲一干二百四十干爲一畝

淄川縣三尺一寸爲一千二百四十千爲一畝
長山縣大尺三尺二寸五分爲一步二百四十步爲一畝
新城縣五尺爲一千二百四十千爲一畝
齊河縣三尺五寸爲一步七尺爲一千三百六十步爲一畝每
畝折糧六分五厘
齊東縣五尺爲一步二百四十步爲一畝
濟陽縣三尺五寸爲一岔三百六十岔爲一畝
禹城縣三尺二寸五分爲一步二百四十步爲一畝
臨邑縣三尺八寸爲一步二百四十步爲一畝上地每畝折糧
一畝四厘中地每畝折上地七分二厘下地每畝折上地五分
長清縣三尺五寸爲一步三百六十步爲一畝
陵縣大尺三尺九寸爲一步二百四十步爲一畝上地每畝折
糧七分六厘九毫中地每畝折糧六分六厘七毫下地每畝折
糧三分七厘
德州五尺爲一步二百四十步爲一畝
德平縣四尺爲一步弓二百四十步爲一畝
平原縣三尺二寸五分爲一步二百四十步爲一畝
順治十六年閏三月日左布政使史記功右布政使袁一相分
守濟南道右叅議牟廷選分巡濟南道僉事陸朝瑛
都司代署屯局印務李承恩濟南知府吳南岱同知楊成盛通
判薛爾賓推官徐經
按此碑在布政司經歷署內茲載濟南十六屬如右

又按漢建初銅尺載山左金石志每尺當今營造尺七寸四分晉前尺載積古齋款識當今營造尺七寸一分半宋三司布帛尺亦載山左金石志當今營造尺八寸二分半今營造尺當今裁尺九寸茲據碑文所刻以營造尺較之歷城尺當營造尺一尺零四分章邱尺當營造尺一尺一寸四分鄒平尺當營造尺一尺零二分淄川尺當營造尺一尺五寸八分長山尺當營造尺一尺六寸九分新城尺當營造尺一尺零七分齊河尺當營造尺八寸二分半齊東尺當營造尺一尺零七分濟陽尺當營造尺一尺七寸禹城尺當營造尺一尺六寸九分臨邑尺當營造尺一尺六寸九分長淸尺當營造尺一尺六寸五分陵縣尺當營造尺一尺六寸五分德州尺

當營造尺一尺零九分德平尺當營造尺一尺六寸五分平原尺當營造尺一尺六寸九分其餘不備錄大約長者準白布大尺中者準裁縫廣尺而與營造尺合者甚少今廬列濟南十六屬尺式以部頒營造尺一一較準庶不至毫釐千里之差云

順治十七年示諸廣文畱別詩石刻

督學使者愚山施閏章題

按此刻正書二十一行在縣學魁樓上

順治十八年重修按察司署記碑 記見藝文

按察使班璉撰文

按此碑記後題名六層上層督撫司道十五人二層府廳十

五八三四五六層各州縣牧令等五十九人

康熙四年重修閔子墓祠記碑記見藝文

提督順天學政內國史院侍讀德水蕭維豫

按此碑正書十一行在閔子墓前

康熙八年縣學文昌樓記石刻

提督學政僉事淮陰周龍甲霖公撰

按此刻正書三十四行在縣學魁樓上

康熙十七年趵突泉詩刻

觀津袁肇修同友集飲因賦七律

按此刻草書十五行在趵突泉上

康熙十七年純陽呂祖師寶誥石刻

山東督學使者淮陰周龍甲霖公書石

按此刻正書十六行在趵突泉上

康熙二十三年施方伯重修兩學去思碑

方伯名天裔號泰瞻齊之泰安人籍隸滿洲陞廣西巡撫

兵部侍郎孫光祀撰福建漳浦知縣盛之璜書

按此碑正書五層每層十六行在府學內

康熙二十六年教授孔貞瑄演樂題名記碑

闕里六十二代裔孫貞瑄識

成樂部班長一人麾四人節五人

歌部班長一人又十人

絲部班長一人琴十一人瑟六人

擊部班長一人鐘二人磬二人鞉鼓四人搏拊四人柷三人敔

三人楹鼓二人

吹部班長五人笙十一人管四人塤四人篪二人鳳簫三人簫

九人笛十人

舞部班長四人左三十二人右三十二人

引導部班長二人龍旂四人燈四人拍板三人

歌一人兼笙二人笙三人兼板一人管四人簫五人笛六人

雲鑼三人行鼓四人兼提鑼爐一人掌扇三人

擎蓋二人門鐘三人門鼓四人

設懸收發部六人

康熙二十六年秋八月吉日濟南府儒學教授孔貞瑄訓導宋

義立仝立

按此刻正書文十九行樂舞題名三十二行計二百三十六

人在府學戟門內東壁

康熙三十一年突達時湯四大字石刻

康熙壬申冬月巡撫山東兵部尙書佛倫題

按此刻正書四大字字徑九寸年月題名二行在趵突泉上

康熙三十二年重修先賢閔子祠記碑 記見藝文

都轉運鹽使李興祖撰

按此碑正書十四行在閔子墓前

康熙三十四年濟南太守重修文廟記碑

太守吳公秉謙字守貞號蕺山奉天人

太守吳公秉謙字守貞號蔬山奉天人

康熙三十四年濟南太守重修文廟記碑

按此碑正書十四行在閔子墓前

都轉運鹽使李興祖撰

康熙三十二年重修先賢閔子祠記碑 記見藝文

按此刻正書四大字字徑九寸年月題名二行在趵突泉上

康熙壬申冬月巡撫山東兵部尚書佛倫題

康熙三十一年突簾時憑四大字石刻

人在府學戟門內東壁

按此刻正書文十九行樂舞題名三十二行計二百三十六

義古金石

康熙二十六年秋八月吉日濟南府儒學教授孔貞瑄訓導李

設懸歌樂部六人

華蓋二人門鐘三人門鼓四人

雲鑼三人行鼓四人兼提爐一人掌扇三人

歌一人兼笙一人笙三人兼坂一人管四人簫五人笛六人

引舞部班長一人龍旂四人發四人拍板三人

舞部班長四人左三十二人右三十二人

樂部班長五人笙十一人管四人塤四人篪二人鳳簫三人簫

九人笛十人

三人楹鼓二人

中部班長一人鐘二人磬二人琴鼓四人搏拊四人柷三人圉

按此碑正書二十行在府學內

康熙三十四年重修張文忠公祠記碑

世襲奉祀官張世禎生員才等仝立

按此碑正書在張文忠公祠內

康熙三十五年歷城闔邑捐輸爲薛公光斗贖罪碑

歷城志云右碑在縣署東側

康熙三十五年歷城知縣薛光斗德政碑

朱宏祚撰楊枝繁書丹并篆額

按此碑正書在縣署大門下東側

康熙三十五年歷城知縣薛光斗德政碑

孫光祀撰楊枝繁書丹并篆額

按此碑正書在縣署大門下西側

康熙四十一年府學重修禮樂器及增樂舞生記碑記見藝文

巡撫山東瑯琊王國昌撰并書

按此碑正書三十行在府學內

康熙四十一年重修白雪書院記碑

安邱張貞撰門人張在辛書

按此碑八分書一百三十二行後附受業門生七十人在西

關外白雪樓下

康熙四十一年徐大宗師教政記碑

六郡生童黃文淵等一百八人同立

按此碑正書十四行在西關外白雪樓下

康熙四十三年重建三皇八蜡神祠記碑

兵部尚書總督湖廣郭琇撰濟南拔貢王養純篆額歷城生員趙最書丹闔邑士庶仝立

按此碑正書十六行在東門外八蜡廟

康熙四十四年濟東道恭紀碑

濟東道僉事宋廣業撰并書

康熙四十五年王舍莊義學碑

歷城志云村人韓用命請以己宅換鋪司基設義學藩司委縣勸准又十年重加修葺庠生何美俊爲之記

又云右碑在王舍人莊張揆故宅與王臨詩碑相對孫記以爲其兄揆宅葢因舊志而誤耳

康熙四十五年濟南府雙忠祠記碑

刑部尚書新城王士禛撰河南巡撫臨淸王灝篆額候補主事歷城朱緗書丹

雙忠祠祀前明巡按御史宋公學朱歷城知縣韓公承宣

康熙四十五年歲次丙戌十月山東闔省紳士耆老公立勒石

按此碑正書二十行在雙忠祠內

康熙四十五年宋御史傳石刻

明史宋御史傳纂明史總裁刑部尚書徐乾學撰

承德郎兵部武選司主事魚邱朱綱書丹

康熙歲次丙戌十月上澣之吉山東闔省紳士耆庶公立勒石

按此碑正書十二行在雙忠祠內

康熙四十五年雙忠泉記碑 記見藝文

提督學政翰林院編修毘陵趙申季撰巡撫福建都察院右副都御史長山李斯義篆額湖廣永州知府魚邱朱繹書丹

康熙歲次丙戌十月上浣山東闔省紳士耆庶公立勒石

按此碑正書十五行在雙忠祠內

康熙四十六年重修濟南廟學記碑 記見藝文

通政司右通政兼攝奉天府丞戴璠記并書

按此碑正書二十行在府學內

康熙四十七年濟東道署詳文碑

布政使高詳奉院批咨文濟東道僉事宋廣業立石

按此碑正書在濟東道署大堂東

康熙四十七年重修閔子祠記碑

六郡士子德州廩膳生滿家爍等撰書

按此碑正書十二行在閔子墓前

康熙五十二年重修三公祠記碑

歷城知縣河東劉元琦撰并書

按此碑正書十行在三公祠內

康熙五十二年重修濟南府學名宦祠記碑

濟南知府張燾立

按此碑正書十九行在府學名宦祠內

康熙五十三年重修五龍潭記碑

布政使襄平侯居廣撰黃山胡景義書

按此碑正書十八行在五龍潭前

康熙五十六年學使題名續記碑 記見藝文

提督學政禮科給事中吳江陳沂震撰文并書

康熙五十六年重修縣學記碑

歷城知縣西河東吉州劉元琦撰

按此碑正書十六行在縣學文廟內

康熙五十六年重修縣學記碑

太僕寺正卿戴璠撰內閣中書邢曰政書

按此碑正書十八行在縣學文廟內

康熙五十六年歷邑宰劉侯重修學宮記碑

翰林院庶吉士嶧縣李堯撰

按此碑正書文十行題名十行在縣學文廟內

康熙五十七年振英書院記碑

按察使海州黃炳撰濟南受業門生高人鑑書丹并篆額

按此碑正書二十行在景賢書院內

康熙五十八年重修府學文廟記碑

濟南太守張公重修太僕寺正卿郡人戴璠撰邑廩生楊枝繁

書丹

按此碑正書十六行在府學內張公名振偉字御傳奉天襄

平人

康熙五十八年周太功勳石刻

周太功勳 正書四大字橫列字徑一尺

康熙五十八年孟夏濟南知府奉天張振偉重立

按歷城舊志周太功勳孔孟心傳字刻府學侍郎鄭芸題中丞曾銑書今祇存此四字且係重立非舊刻矣

康熙五十九年雙忠祠記碑 記見藝文

巡撫山東都察院右副都御史鐵嶺李樹德撰提督學政禮科給事中陳沂震篆額右春坊右贊善兼翰林院編修彭廷訓書丹

康熙五十九年歲次庚子十月上澣穀旦勒石

按此碑行書十五行在雙忠祠內

康熙五十九年雙忠祠詩石刻

雙忠祠西屋告成用少陵乾元中寓居歌韻紀事七首

康熙庚子孟冬穀旦孫男立業敬識

按此碑行書二十一行在雙忠祠內碑陰浙江紹興知府宋定業山東運河道宋基業捐銀契買仙台里宅基長蘆鹽運使宋師曾捐銀契買胡家莊田二十畝廣東肇慶知府宋志益捐銀契買胡家莊田三十畝每年租息俱交東城鄉官肇高道絳公子崇簡收掌以供歲時香火修葺公用

康熙六十年濟南府學名宦題名記碑 記見藝文

戶部左侍郎兼理倉場事李永昭撰文

按此碑正書十二行在府學名宦祠內

雍正三年劉猛將軍廟記碑 記見藝文

布政使布蘭泰撰

按此碑正書在鞭子巷廟內

雍正七年龍門石刻

龍門二大字字徑三尺二寸

龍門字在岷峨奥區中刻於懸崖峭壁之上山陰金公守兖郡勒於學宮余曾攝郡博搨數本今遷濟南因與虛齋張公同立貞珉公諸同好云

雍正七年歲次己酉夏清和月上浣之吉沂水李大受記

按此刻在府學大成門內西壁上後有無棣李然記云李大受沂水人字德涵戊寅選拔擢濟南教授以小楷擅名張存仁字虛齋膠州人丁酉鄉薦秉鐸厯次攝篆濟南一時稱詞宗焉

雍正十三年河東總督禁屠戶包祭碑

歷城志云河東總督王士俊檄行春秋丁祭永禁屠戶包祭惡習以肅祀典歷城知縣王國正立石在縣學大成門外

乾隆七年薇署西園十詠石刻

盱江魏定國撰并書

按薇署西園十詠一名士軒二虛舟三小蓬萊四平臺五菊圃六池亭七水榭八半壺九平橋十石峯刻在藩署西園石臺上

乾隆七年錄四詩石刻　詩見藝文

按察使葛城陳悳撰并書刻在土地廟內

乾隆十年聽水橋記碑

鵲華山人任宏遠撰平陵後學王朝相書
按此刻正書在濼口東
乾隆十年新建忠烈祠記碑 記見藝文
一忠二烈祠祀前明山東左布政使張公秉文暨其配與側室
歷城知縣會稽姚逖祖撰并書篆額
按此碑正書二十行在忠烈祠內
乾隆十年歷城縣請建忠烈祠詳文石刻
巡撫都察院咨布政司喬濟南府徐批詳賣契附後
按此碑正書文三十行在布政司小街張公祠內
乾隆十五年學使院題名記碑 記見藝文
提督學政晉寧李因培撰并書

乾隆二十一年趵突泉詩刻
河道總督兼署山東巡撫事三韓白鍾山題
按此刻正書詩并序二十二行在趵突泉上
乾隆二十五年嚴禁短價採買倉穀碑
歷城志云大學士尹奏准勒石永禁在縣署大門內西側
乾隆二十五年重修濟南考棚記碑 記見藝文
提督學政章謙恒撰并書
乾隆二十五年關帝改謚新廟記碑 記見藝文
巡撫阿爾泰撰
按此碑正書在后宰門廟內
乾隆二十六年藩署嶠雲石詩刻

藩署後樂園飧秀亭落成和沈椒園廉使韻楚鄂崔應階題

乾隆二十七年趵突泉詩刻

瑯琊王國昌壬午夏次松雪韻一首再題一首

按此二刻俱行書一刻十三行一刻二十行並在趵突泉上

乾隆二十八年重修先賢閔子墓祠記碑記見藝文

山東按察使前提督山東學政吳興後裔鶚元撰

按此碑正書十四行在閔子墓前

乾隆二十八年藩署飧秀亭詩刻

藩署飧秀亭前疊一石和熊一齋韻拙圃崔應階題

乾隆三十八年壽康泉碑

壽康泉正書三大字字徑八寸

歷下名泉七十有二營旁古泉不與焉泉在鑑泉之西馬跑泉之東冬温夏涼水清味甘居人飲之多大年而三姥爲尤著一田曹氏壽届期頤奉

勑建坊表其門一廉楊氏一勾劉氏年俱近百齡嘗聞古有甘谷其水下流附近飲之多登上壽三姥之壽得非飲此水之故歟名曰壽康不亦宜乎爰勒石以誌之

乾隆三十八年歲次癸巳仲冬穀旦本里老人王瑞等公立

按此碑正書記文二行題名四行在南門外

乾隆四十一年蒿菴書院記碑記見藝文

按察使吳江陸燿譔提督學政秀水錢載書

按此碑正書二十二行在景賢書院內

乾隆四十一年華山碑臨本石刻

此臨本第一百又六十乾隆廿年十一月京師旅次蘆墟陸瓚先君手臨華山碑舊曾刻石于吳門有沈向書歸愚錢舍人詠生兩跋此本從滇南僧介庵所索歸尤爲可寶葢吳門所刻爲臨本第三十二此爲第一百六十歲月加久故當不同乾隆丙申以淄川硯材摹勒陷諸嵩庵書院壁中二東好古之士繇此窺尋漢法知中郎太傅去人不遠也男燿謹識

按此刻八分書八石共一百十九行行書二跋十四行正書跋九行在景賢書院內壁上

乾隆五十一年學使題名記碑

提督學政仁和趙佑撰并書

乾隆五十一年重書杜工部詩石刻

歷下亭以杜李遊宴著名縣志載李興祖重葺古歷亭記碑有刻石刻李杜詩之語今石已無存爲補書之然北海吾宗固神秀與工部新亭結構罷乃登歷下古城李員外新亭同時所作非大明湖之歷下亭也故専書前詩不復兼錄並記碑陰以質來者乾隆丙午初夏仁和趙佑 知歷城縣事溫立石

按此刻行書四行在古歷亭前

乾隆五十三年古鑑泉碑

古鑑泉 正書三大字字徑六寸

此泉列壽康泉迤東水淨沙明對之若鏡歷年來大雨沖損汲水者每苦其難吾街徐文舉獨力重修其有便于街里不淺也

按此碑正書記文二行題名二行在南門外

乾隆五十六年重修雙忠祠記碑

濟南知府宋思仁撰長山訓導桂馥書丹

按此刻八分書五十三行在雙忠祠內

乾隆五十六年歷城東嶽廟文昌閣記碑 記見藝文

翰林院編修邑人周永年撰長山訓導桂馥書

按此碑八分書三十六行在南門外文昌閣內

乾隆五十七年重修濟南府學記碑 記見藝文

知府長洲宋思仁撰并書

按此碑正書二層共二十四行在府學大成門壁上

乾隆五十七年建鐵公祠記碑 記見藝文

內閣學士兼禮部侍郎提督山東學政大興翁方綱撰并書丹

篆額

按此碑正書十五行在鐵公祠內

乾隆五十七年修鐵公祠記碑 記見藝文

念湖吳人驥撰并書

按此刻正書十五行在鐵公祠內

乾隆五十七年建佛公祠記碑 記見藝文

內閣學士兼禮部侍郎提督山東學政大興翁方綱撰并書丹

篆額

按此碑正書十五行在佛公祠內

乾隆五十七年陳文勤公僧舍題句石刻

按此碑正書記文二行題名二行在南門外

乾隆五十六年重修雙忠祠記碑

濟南知府宋思仁撰長山訓導桂馥書丹

按此刻八分書五十三行在雙忠祠內

乾隆五十六年歷城東嶽廟文昌閣記碑 記見藝文

翰林院編修邑人周永年撰長山訓導桂馥書

按此碑八分書三十六行在南門外文昌閣內

乾隆五十七年重修濟南府學記碑 記見藝文

知府長洲宋思仁撰并書

按此碑正書二層共二十四行在府學大成門壁上

乾隆五十七年建鐵公祠記碑 記見藝文

內閣學士兼禮部侍郎提督山東學政大興翁方綱撰并書丹

篆額

按此碑正書十五行在鐵公祠內

乾隆五十七年修鐵公祠記碑 記見藝文

念湖吳人驥撰并書

按此刻正書十五行在鐵公祠內

乾隆五十七年建佛公祠記碑 記見藝文

內閣學士兼禮部侍郎提督山東學政大興翁方綱撰并書丹

篆額

按此碑正書十五行在佛公祠內

乾隆五十七年陳文節公僧舍題句石刻

遲水搬柴嘆浮生若夢何日方成解脫停車去馬看行人似織
誰曾識得因緣丙午春日陳世倌題

海寧陳文勤公巡撫山東時題句濼源門外僧舍歲久漸就剝蝕公曾姪孫竹厓文駿知歷城縣事覩此遺墨俾方綱摹勒入石以永其傳乾隆壬子夏六月門下士北平翁方綱識

按此刻正書大字題句二百十六行題名并跋十一行在西關外十王殿壁上又有文駿并嘉禾周升桓二跋不備錄

乾隆五十七年藩署鳳翥池記石刻

新濬鳳翥池記

公廨二門內有石一品巋然而立以鳳翥名殆有取於詩所云鳳凰鳴矣于彼高岡之意也壬子秋余襄試事鑿池龍門內導

珍珠芙蓉二泉注之顏以華筆俾多士飲之而甘以章五色之華遂引水至鳳翥石畔瀦爲方池池依於石卽以石名名之因思古人於水鑑卽於民監余竊凜此意爲兢兢并以告往來涖上者奮羽儀以鳴盛滌塵滓以揚清其源旣遠其流自長也是爲記

乾隆壬子桂月上澣東藩使者古歙江蘭謹識并書

按此刻行書十二行在布政司署二門內鳳翥池上

乾隆五十七年蘭石詩刻

憑虛向往楚江干朗讀離騷興未闌芳澤緣誰傳齒頰一番花事一神寒
乾隆壬子四月旣望汝和宋思仁寫于漱六軒

按此刻在府學大門壁上
乾隆五十八年濟南府續古題名記碑 記見藝文
濟南知府長洲宋思仁撰并書
乾隆五十八年七十三泉記石刻
秀水吳友松記宜興史雲虬書
按此刻行書十七行在五龍潭壁上
乾隆五十八年陸大中丞詩石刻
吳江陸燿撰曲阜桂馥書偃師武億記鳳台胥繩武跋
按此刻行書詩十一行記五行正書跋八行在五龍潭壁上
乾隆五十八年潭西精舍記石刻 記見藝文
曲阜桂馥撰刻者楊敬時年七十有九

偃師武億寓稷下之歲與鳳台胥燕亭繩武吳江陸古愚繩長洲沈二香默過龍潭看桂君書石君固以藝自累而予四人好奇之癖亦不免爲世詬病也億記
按此刻八分書六十行在五龍潭壁上
乾隆五十九年蘇常義冢記碑 記見藝文
東昌府同知天津吳人驥撰長山訓導曲阜桂馥書
按此碑八分書十七行在南門外
乾隆五十九年鐵獅峯石刻
鐵獅峯 正書三大字字八寸
乾隆五十九年甲寅六月撫東使者福寗立石
按此刻在濼源書院大門內兩側題前提督四川學政通州

劉錫嘏濼源主講刑部員外郎仁和馬履泰歷城知縣宛平
吳星燿候選從九品上谷楊幹濼源監院長山訓導曲阜桂
馥八分書五行

乾隆五十九年重修道口橋碑

按此碑在大清河北王二莊東

乾隆六十年歷山銘石刻

乾隆六十年龍集單閼七月庚戌朔
起居注日講官　文淵閣直閣事詹事府詹事提督山東學政
儀徵阮元游登歷山勒銘樂石其詞曰
登此翠微堂基戴石岱麓分陰嫣田畇陌雷雨坐生峯巒普碧
棲鷲三重厓懸百尺繞齋虹落穿閣雲飛碑頭六代松要十圍

岑落藉屐天華滿衣隥隨客意嵐成佛煇下涌泉原清交水木
湖平鏡揩城匝帶曲野氣沈郡林煙隱屋雨岫同秋千塍共綠
平原似海曉日開天燕齊道直蓬萊景圓山栖壽佛臺降飛僊
後之來者亦百千年　曲阜桂馥書

按此刻八分書十行在歷山上

乾隆六十年林汲泉題名

浴佛池　八分書三大字

乾隆六十年閏二月儀徵阮元承信偕同里季爾慶江安焦循林
報曾弟鴻子元游佛谷訪唐石刻遂登靈臺下觀林汲泉題此
池上因以名之

按此刻正書九行左讀在佛峪後林汲泉盤石上

嘉慶元年方伯康公龍洞佛峪二記石刻 記見藝文

龍洞記　佛峪記

嘉慶丙辰合河康基田題

是記作於丙辰春承宣山左時丁巳夏晉撫三吳戊午量移東河再調南河嗣以事去官十餘年來南北奔馳迄無暇日未及書泐戊辰奉

命來江視事公餘檢閱存稿時用闕然己巳之夏溽暑鬱熱追憶前時農民望澤之殷泰岱山嶽靈秀之氣往來心目援筆書記於清江之景賢書屋泐石以志不忘基田時年八十二歲

按此二刻俱行書一刻五十二行一刻三十行跋九行在趵突泉

嘉慶元年嚴禁千佛山採石碑

署歷城縣徐爲遵札嚴禁事蒙

按察司康札開千佛山爲省城龍脈所關前經出示嚴禁採石並飭寺僧看守山場毋許作踐在案惟該寺向無香火地畝當卽捐置山前地七十五畝收入籽粒以供日用仍恐日久弊生合行札飭該縣卽出示嚴禁採石並前項地畝如有盜買盜賣一併治罪仍將地畝弓口四至造冊呈送備案一面照依勒石永遠遵守爲此仰住持僧人鄉約地保軍民人等知悉如敢仍前違禁開山採石及將前項地畝盜買盜賣者定行照例治罪凜之愼之毋違特示

按此碑正書二十七行在千佛山上

嘉慶二年白石泉碑

白石泉 三大字八分書字徑五寸

乾隆甲寅春夏之交偶値小旱方伯江公捐廉募夫疏濬泉源以祈渥澤旬日之內甘霖應禱於時巽地有泉湧出白石粼粼味甘如醴既滋灌溉又便汲飲居人樂之因刻石記事方伯名蘭字畹香安徽歙縣優貢生前任豫滇兩省撫藩俱有惠愛二東善政尤不勝紀此特恒河之一沙耳曲阜桂馥記并書

嘉慶二年秋桂未谷自滇南作書來屬其友陳秉焯爲之立石

按此碑行書記文四行跋一行在南門外

嘉慶三年重修聽水橋記碑

候選州同知八十七歲老人黃廷柱撰文歲貢李敷榮書監生

李士謙篆額

嘉慶七年府學名宦祠題名碑

濟南知府德生重修

按此碑正書七十三行在府學名宦祠內

嘉慶七年濟南府學鄉賢祠題名碑

濟南知府德生重修

按此碑正書六十一行在府學鄉賢祠內

嘉慶十六年庚子山銘石刻

吾友錢獻之坫篆書爲今代絕手嘗云斯冰之後直至小生晚病偏廢用左手作篆此庾信東宮行雨山銘美人山三銘寫於關中節署天骨開張有垂髮佩玉之度猶未病時右手

所作嘉慶癸亥夏與獻之晤於吳門索其舊跡許爲刻石辛未正月蔣明府因培愛而刻石以廣其傳用跋于後云時六月二十二日安德道署平津館孫星衍記陸繩書歷下楊溥勒石

按此刻篆書二石四面銘二十二行八分書跋十六行在西關外燕園

嘉慶十七年先賢閔子祠優免記碑

世襲翰林院五經博士閔廣源率族人公立

按此碑正書十六行在閔子祠內

嘉慶十八年重修賀甲橋碑

江蘇舉人李文喆撰文

按此刻在賀甲橋上

嘉慶十九年重修呂祖廟記石刻

布政使大興朱錫爵撰秀水戴春熙書

按此刻正書三十六行在西公廨昇陽觀內

嘉慶十九年華泉石刻

按此刻正書在華山下泉井上

嘉慶二十年重修崇正橋記碑

恩貢魏守清撰文處士秦塏書

按此刻正書在崇正橋上

嘉慶二十一年重修雙忠祠記碑

兵部侍郎都察院右副都御史巡撫山東兼提督軍務宛平陳預撰提督山東學政高郵王引之書

按此碑正書十五行在雙忠祠內

道光元年燕園銘刻

投轄井齊河縣令蔣因培銘

按此刻大字二行小字七行在西關外燕園內

道光二年重修景賢書院增置膏火記碑

按察使陞河南布政使現任廣東巡撫景東程含章撰

按此碑正書三十四行在景賢書院內碑陰刻章程十條捐銀銜名各官暨引商票商共一千八百兩

道光五年重修東南城樓記碑

邑舉人花壽山撰文

按此刻正書三十二行在東南城上魁星樓壁

道光九年重修曾公祠記碑

歷城知縣盱豐湯世培撰

道光十年宋史曾公本傳石刻

布政使劉斯嵋敬錄沙逢源摹刻

道光十年建曾公專祠詳文石刻

北宋曾文定公諱鞏字子固江西南豐人出知齊州卽今濟南府在任時因濟南城內出泉甚多水無去路屢爲民修築堤堰於北城疏鑿水門并磊石爲厓挑濬深通使水從北門宣洩又設門爲扃覗水高下因時啓閉宣洩有節並建滙波橋以濟往來行人使無阻隔至今民賴以安永除水患又善於教化賊盜潛蹤良民安堵實爲地方除害經陞任歷城知縣湯世培因舊

有專祠傾廢已久追念桑梓捐廉建設在於晏公臺旁建屋三楹立位供奉因查文定公久已入祀名宦應請每年春秋二祭派委府學教官前往專祠一體致祭所需祭品銀兩請在藩庫充公項下每年動支銀四兩自道光十年爲始由司詳院轉行府縣立碑存記

布政使南豐劉斯嵋錄案上石未入流大興沙逢源攷鐫

道光十年新修貢院號舍記碑 記見藝文

武定知府前歷城知縣湯世培撰并書

按此碑正書二十七行在貢院大門內西側

道光十二年重修先賢閔子墓記碑 記見藝文

修先賢閔子祠落成墓在東郭外五里前有享殿亦漸圮鳩工

興之環墓植以柏立碑道左表焉享殿東南隅舊有屋三楹久爲廢址守墓者無所居墓旁隙地僅二大畝不足供一人之食爰構屋西偏捐置地二段合大畝四畝三分三毫六絲四微以官畝計之得十畝六分六釐徵行歷城縣過稅存案俾守墓者司啓閉謹封樹焉嗚呼先賢體魄所存莫不哀敬後之官茲土者尙其愼諸王贈芳并記

按此碑正書七行在閔子墓前

道光十二年重修先賢閔子祠記碑 記見藝文

兼護山東鹽運使濟南知府盧陵王贈芳撰并書

按此碑正書十七行在閔子祠內

道光十三年重修先賢閔子祠記碑

閔子七十一代孫襲翰林院五經博士閔昭榆率歷下族人傳
伯繼信廣成等謹述
按此碑正書十五行在閔子祠內
道光十五年重修濟南學使署記碑記見藝文
翰林院侍講提督學政江陰季芝昌撰并書
道光十六年挑挖護城河並東西濼河記碑記見藝文
邑人金洙楊龍雲汪珏等同立
按此碑正書十八行在府署二門內東側碑陰刻濟南府爲
倡率紳商捐挑護城等河各工詳文並捐輸人姓名
道光十六年重修歷城縣署記碑
歷城知縣韓亞熊撰并書

按此碑正書十二行在縣署大堂
道光十七年祭太公廟記碑
兼署山東按察使鹽運使李文耕記
按此碑正書上刻丹書下刻記文十二行在南關太公廟東
壁